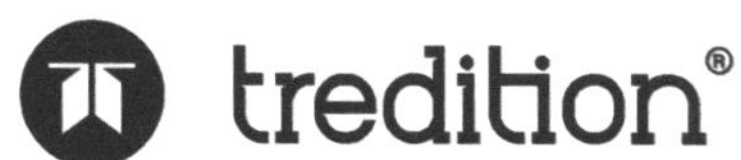

AF290059

Impressum

Copyright: © Pierre Sommet 2014

1. Auflage November 2014

Verlag: tredition GmbH, Hamburg | www.tredition.de

Lektorat: Moritz Sommet | Ernst Müller

Texte: Pierre Sommet | psommet@web.de

Blog: http://madamebaguette.tumblr.com

Illustrationen: Nicole Peters

Copyright Illustrationen: © Nicole Peters 2014

Grafische Gestaltung: Nicole Peters Design | Krefeld
www.nicolepetersdesign.de

Paperback ISBN-978-3-8495-9616-3
E-Book   ISBN-978-3-8495-9618-7

Madame Coquette und Monsieur Galant

Pierre Sommet

Illustrationen von
Nicole Peters

Neue
spannende
und amüsante
Wortgeschichten
aus Frankreich

Inhaltsverzeichnis

Vorwort

Hiermit liegt nun der Folgeband des deutsch-französischen
Wortgeschichtenbuches „Madame Baguette und Monsieur Filou" vor. Als das
Werk 2010 im Magenta-Verlag erschien, rechnete wohl niemand mit einer
Fortsetzung. Doch der sensationelle Erfolg des Erstlings, nunmehr in der
3. Auflage und weiterhin bei Magenta-Verlag und im Buchhandel bestellbar, ließ
schon bald den Gedanken aufkommen. Vortragsanfragen führten den Autor
durch ganz Deutschland bis nach Berlin. Und sogar das französischsprachige
Ausland zeigte reges Interesse. Womit ist diese überwältigende Resonanz zu
erklären?

Die Wortgeschichten sind witzig und anschaulich, nicht trocken und abstrakt;
sie vermitteln einen farbigen und lebendigen Eindruck der französischen
Kultur. Vor Philologen-Fachsimpelei muss sich kein Leser fürchten. Es sind
eben Geschichten im eigentlichen Wortsinn, das heißt bunte Histörchen, die
das pralle Leben schrieb. Und dennoch bleibt der philologische Nachvollzug
der Sprachentwicklung stets auf der Höhe der Wissenschaft, werden die
Veränderungen in Wortlaut und Wortsinn der Begriffe präzise dargestellt und
erläutert.

Um diese Verzahnung von Unterhaltung und Gelehrsamkeit zu harmonisieren,
bedarf es eines Autors von hoher Sachkompetenz. Pierre Sommet ist durch und
durch ein Mann der Sprache: Französisch ist seine Herkunft, das Englische
hat er studiert, in der deutschen Kultur bewegt sich der heutige Rheinländer
seit über 40 Jahren. Fast so lange leitete er in der Volkshochschule Krefeld den
Fachbereich Sprachen. Dabei schärfte sich seine Fähigkeit, wissenschaftliche
Inhalte auf humorvolle und unterhaltende Weise einem breiten Publikum zu
vermitteln.

Im neuen Band „Madame Coquette und Monsieur Galant" treibt Sommet
diese Fähigkeit zu einem Höhepunkt. Ein altes Sprichwort sagt: wer sucht,
der findet. Pierre Sommet hat weitere deutsche Begriffe mit französischen
Wurzeln gesucht. Die Fülle der Beziehungen, auf die er dabei stieß, hat er selber
zu Beginn seiner Arbeit nicht ahnen können. Sie ist aber ein eindrucksvoller
Beleg, dass die französische und die deutsche Kultur jenseits ihrer oftmals
demonstrierten Verschiedenheit mehr verbindende Elemente aufweisen, als
den Menschen beiderseits des Rheins bewusst ist.

Lassen wir uns also entführen in das spannende und abenteuerliche
Leben unserer Wörter. Erleben wir ein Stück Gemeinsamkeit mit unseren
französischen Nachbarn. Und erfreuen wir uns an den heiteren, anregenden
und nachdenklichen Storys aus der Geschichte unserer beiden Völker. Ich
wünsche allen Lesern Unterhaltung und Erkenntnis.

Ernst Müller

"Der Geist einer Sprache offenbart sich am deutlichsten in ihren unübersetzbaren Worten."

"L´esprit d´une langue se manifeste le plus clairement dans ses mots intraduisibles."

Marie von Ebner-Eschenbach (1830-1916)

Dank

Als gebürtiger Franzose mit doppelter Staatsangehörigkeit empfinde ich es als großes Glück, in einer multikulturellen Gesellschaft am frankophilen, toleranten Niederrhein zu leben. Hier höre ich jeden Tag meine deutschen Freunde französisch sprechen, ohne dass sie es unbedingt wissen oder darüber nachdenken. Sie geben mir ein Stück Heimat zurück, und dafür bin ich dankbar.

Auch wenn ein Autor mit seinen Figuren eigentlich nie allein ist, stellt das Schreiben eines Buches ein einsames Unterfangen dar, und ohne Hilfe kommt kein Autor aus. Ich danke ganz herzlich allen, die mit ihren Anregungen für dieses Buch zur deutsch-französischen sprachlichen und kulturellen Verständigung beigetragen haben. Deshalb *un grand merci* für ihre Unterstützung an meine Lektoren Ernst Müller und Moritz Sommet, an meine Frau Regina, an Rosemarie Tsubaki-Roeren, sowie an Walter Weitz, Markus Haberstroh und Dr. Armin Volkmar Wernsing.

Pierre Sommet, Krefeld, im November 2014

Grande Dame

Objets inanimés, avez-vous donc une âme?
Tote Gegenstände, habt ihr also eine Seele?
Alphonse de Lamartine, französischer Dichter

Il est cinq heures, Paris s´éveille. Es ist fünf Uhr, Paris erwacht.
La Tour Eiffel a froid aux pieds...
Der Eiffelturm hat kalte Füße...

Der *Chansonnier* Jacques Dutronc hat Recht! Brrr! Mir ist kalt. Erst in viereinhalb Stunden werde ich die ersten Touristen aus aller Herren Länder begrüßen. Bis 23 Uhr! Wieder ein langer Arbeitstag für mein fünfhundertköpfiges Personal.

Ich werde liebevoll *la Dame de fer*, „die Dame aus Eisen" (und bitte nicht „die eiserne Lady") genannt. *Moi, la Tour Eiffel*, ich der Eiffelturm, die berühmteste Französin, das Wahrzeichen von Paris und UNESCO-Weltkulturerbe.

Es gehört sich nicht, eine Dame nach ihrem Alter zu fragen. Die Presse ist schuld! Sie hat verraten, dass ich am 31. März 2014 125 Jahre alt wurde. Mein Gedächtnis lässt verständlicherweise ein wenig nach, aber ich kann mich noch gut an meinen ruhmreichen Eröffnungstag erinnern: den 31. März 1889. Mein Namensgeber, Gustave Eiffel, und an die einhundert keuchende Gäste erklommen im Gänsemarsch die 1710 Stufen zur Spitze. Dort hisste Gustave mit vor lauter Nationalstolz geschwellter Brust eine riesige Trikolore. *Cocorico!* Frankreich und die ganze Welt staunten!

Welch eine *formidable* Leistung hatten die Tag und Nacht schuftenden 250 Stahlarbeiter in nur 26 Monaten Bauzeit erbracht. Zur Hundertjahrfeier der Französischen Revolution war ich *DER CLOU* der Weltausstellung in Paris.

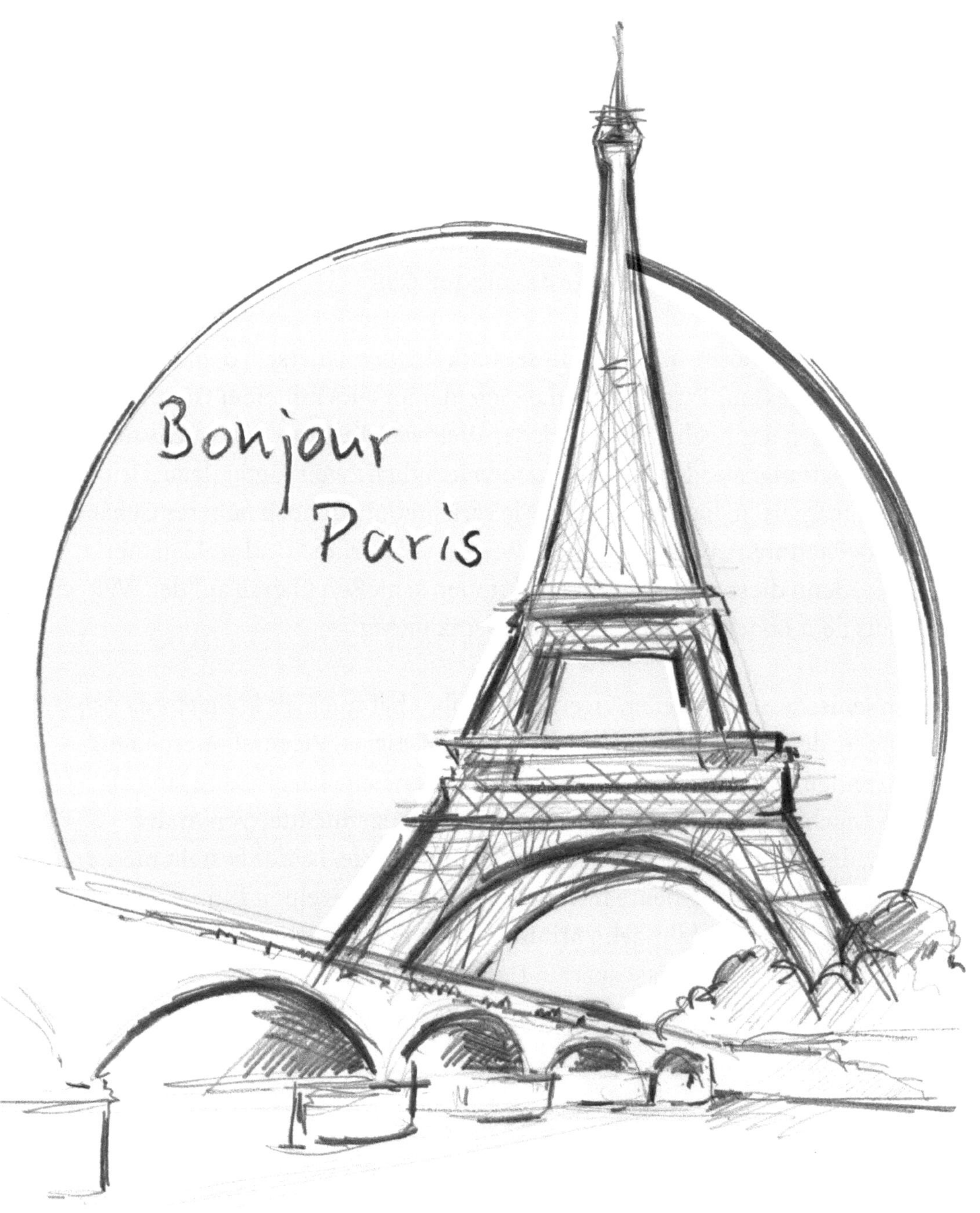

Bonjour
Paris

Aber es hagelte auch Proteste von Querdenkern. Künstler und Schriftsteller wie Alexandre Dumas, Maupassant und Zola beschimpften mich. Ich sei „unnötig und ungeheuerlich", ein Schandfleck für die Stadt, ein anmutsloses Skelett, ein Verbrechen gegen die Kunst! Alsbald verstummten meine Kritiker. Von Architektur hatten sie wohl keine Ahnung! Zwanzig Jahre nach der Weltausstellung hätte ich eigentlich abgebaut werden müssen. Zum Glück hatte der diplomatische Unternehmer Gustave Eiffel einflussreiche Unterstützer in der Politik und Wirtschaft. Ich wurde gerettet. *Ouf!*

Ich habe es nicht nötig, mich mit diesem überlangen Lulatsch, dem Burj Khalifa in Dubai, zu messen. Tatsache ist, dass ich meinerseits mit einer Gesamthöhe von 312 Metern das höchste Bauwerk der Welt war. Bis 1930! Ich wuchs nur noch geringfügig. Mit der Antenne kamen lediglich zwölf Meter dazu. Grün vor Neid reagierten die Amerikaner. Sie errichteten ein noch höheres Gebäude, einen sogenannten „Wolkenkratzer". Wie despektierlich! Und wohl gemerkt, wie naiv, denn diese bizarren Konstruktionen schießen überall auf der Welt wie Pilze aus dem Boden. Ich dagegen bleibe einzigartig.

Der chilenische Schriftsteller Vicente Huidobro hat mich als *la Guitare du ciel*, die Gitarre des Himmels, bezeichnet. Muchas Gracias, Vicente! Mit meinen 7.300 Tonnen wirke ich sehr filigran. Von 1925 an habe ich elf Jahre lang als größte Leuchtreklame der Welt gedient. Eine glänzende Idee von André Citroën, der mich mit 250.000 Glühbirnen schmückte. Leider besteht meine nächtliche Beleuchtung heute nur noch aus 20.000 einzelnen Lampen. Das Spektakel dauert ungefähr zehn Minuten und endet um ein Uhr in der Nacht. Armes Frankreich! Du musst sparen. Dennoch komme ich alle sieben Jahre in den Genuss meiner „Pflegeversicherung". Für vier Millionen Euro werde ich neu angestrichen.

Am 04. Juni 1948 habe ich einen Schrecken bekommen! Eine aus dem Zirkus Bouglione entlaufene Elefantendame kletterte bis zur ersten Plattform empor. Verrückt! Am 25. September 1962, in der ersten *Etage*, sang Edith Piaf ihr letztes Konzert. Noch nie hatte ich so viele Leute weinen sehen.
Über sechs Millionen Touristen besuchen mich jährlich auf dem *Champ de Mars*. Waren Sie noch nie da? Worauf warten Sie? *Je suis l´incontournable.* An mir führt

kein Weg vorbei.

Was wäre Paris ohne mich?

Etymologische Erläuterungen und weiterführende Hinweise

Chansonnier: Im Deutschen ist ein Sänger gemeint, im Französischen hat
das Wort eine völlig andere Bedeutung: Kabarettist. Das deutsche Wort
„Chansonnier/e" wird ins Französische mit *chanteur/chanteuse* übersetzt.

Cocorico! Dt. Kikeriki!

Formidabel: Von frz. *formidable* (großartig) und lat. formidabilis
(beeindruckend, furchterregend).

Clou: Der Höhepunkt. Von frz. *clou* (Nagel). Es handelt sich um eine
Bedeutungsübertragung. Zugrunde liegt die Vorstellung, dass der Clou einer
Sache das Ganze befestigt und wie ein Nagel zusammenhält.

Ouf! Dt. Uff! Gott sei Dank!

Etage: von frz. *étage* und lat. stare (stehen). Das Wort bedeutete ursprünglich
"Aufenthalt, Zustand".

Gustave Eiffel wurde 1832 in Dijon geboren und starb 1923 in Paris. Der
Geburtsname des Chemie-Ingenieurs der renommierten *Grandes Ecoles
Polytechnique* und *Centrale* lautete Bönickhausen. Seine Vorfahren kamen aus
dem Dorf Marmagen in der Eifel und wanderten Anfang des 18. Jahrhunderts
nach Frankreich aus. Um ihren Namen französischer klingen zu lassen,
änderte die Familie ihn in Eiffel. Das bekannteste Bauwerk des ehrgeizigen
Unternehmers ist natürlich der Eiffelturm. Seit 1889 haben schätzungsweise
an die 250 Millionen Menschen das Wahrzeichen von Paris besichtigt. Der
Eiffelturm besteht aus 18.038 metallischen Einzelteilen und 2.500.000 Nieten.
Neun Aufzüge stehen den Besuchern zur Verfügung. Gustave Eiffel ist zwar der

Namensgeber, aber er stand anfänglich dem waghalsigen Bauprojekt skeptisch
gegenüber. Die Konstruktionsidee hatte der Ingenieur Maurice Koechlin,
der sich auch um die statischen Berechnungen kümmerte. Der Architekt war
Charles Sauvestre. Gustave Eiffel war vor allem ein Organisationstalent. Der
Geschäftsmann hatte die geeignetsten Fachleute ausgesucht. Am Eiffelturm
steht das sogenannte Gustave-Eiffel-Monument. Weitere wichtige Bauwerke
von Gustave Eiffel sind der Garabit-Viadukt in der Auvergne, die Ponte Maria
Pia in Porto und der Westbahnhof in Budapest. Ab 1888 war der Unternehmer
zudem am Bau des Panamakanals beteiligt.
Offizielle Website: www.tour-eiffel.de, siehe auch www.eiffelturm.org,
www.unjourdeplusaparis.com (Informationen in französischer Sprache).

Reisetipps für Paris:
www.de.rendezvousenfrance.com/de
Atout France, Französische Zentrale für Tourismus in Frankfurt am Main,
Zeppelinallee 37, 60325 Frankfurt am Main, Tel.: 069/97 58 01 74

www.de.parisinfo.com | Fremdenverkehrsamt in Paris

As

Das einstige *Tennis-As* Boris Becker, das in seiner *Karriere* so viele Asse schlug, gewann bekanntlich dreimal das *Turnier* von Wimbledon. Bei den *Internationaux de France de Tennis*, dem zweiten der Grand-Slam-Turniere, blieb „Bum-Bum Boris" jedoch trotz dreier Halbfinalteilnahmen ein Sieg stets verwehrt. Im altehrwürdigen *Stade Roland-Garros* im vornehmen Westen von Paris treffen jedes Jahr zwischen Mitte Mai und Anfang Juni die besten Tennisspieler der Welt auf roter Asche aufeinander. Und auf dem *court central*, vor 15.000 Fans des „weißen *Sports*", triumphiert in letzter Zeit fast immer der Mallorquiner Rafael Nadal.

Der Namensgeber des Stadions, Roland Garros, war keineswegs ein begnadeter Tennisspieler. Sehr sportlich war er schon, 1906 wurde er sogar Landesmeister im Radfahren. Als Flieger-*As* wurde der Sohn eines Rechtsanwaltes berühmt. Er brach sein Jura- und Musikstudium ab, um seinen Traum vom Fliegen zu verwirklichen. 1910 kaufte Roland Garros für 7.500 *Francs* eine Santos-Dumont Demoiselle, brachte sich das Fliegen selber bei und wurde in der Folgezeit einer der bekanntesten Flieger Frankreichs. Er war der erste Pilot, der 1913 in knapp acht Stunden, von Fréjus an der Côte d´Azur nach Bizerta in Tunesien, das Mittelmeer überflog. Fürwahr ein „Überflieger", ein As.

Im Ersten Weltkrieg trat Roland Garros der französischen Luftwaffe bei und stieg zu einem der ersten Flieger-Asse auf. Der *casse-cou*, der Draufgänger, verbrachte drei Jahre in deutscher Kriegsgefangenschaft, bevor ihm 1918, als deutscher Offizier verkleidet, die Flucht nach Belgien gelang.

Am 05. Oktober 1918 wurde der tollkühne *Leutnant* Roland Garros nahe Vouziers in Nordfrankreich von einem deutschen Kampfflieger abgeschossen und starb den Heldentod. Zu seinen Ehren wurde 1928 der französische Tennistempel in Paris nach ihm benannt. Auf der Insel Réunion, wo er geboren wurde, trägt der

Flughafen von Saint-Denis seinen Namen.

Etymologische Erläuterungen und weiterführende Hinweise

Tennis: Tennis wurde in Frankreich von Mönchen erfunden, die, um
sich fit zu halten, als erste dem *Jeu de Paume*, wörtlich „dem Spiel mit der
Handinnenfläche", auf dem Klosterhof frönten. Das Fangen des damaligen
Holzballs mit der bloßen Hand erwies sich gelegentlich als schmerzhaft, und
so war die Erfindung des Holzschlägers ein wahrer Segen. Das Wort selbst
stammt nicht aus dem Englischen, sondern ursprünglich vom französischen
Verb *tenir* (Halten) und *tenez* (Halten Sie!). Beim Jeu de Paume im 17.
Jahrhundert rief der aufschlagende Spieler seinem Gegenspieler zu: „*Tennetz!*"
(„Nehmen Sie, Halten Sie / *Tenez!* (den Ball)!") Der „weiße Sport" erfreut sich
in Frankreich großer Beliebtheit. Es gibt 1.075 Millionen Lizenzierte, etwas
weniger als im Fußball, doch wesentlich mehr als in anderen Sportarten wie
Basketball, Handball oder sogar im Boule-Spiel *Pétanque*.

As: Die Bezeichnung der höchsten Spielkarte geht auf das französische Wort
as zurück. Es war damals die „Eins" auf Würfeln. Das französische Wort selbst
stammt aus dem Lateinischen as, die Bezeichnung für die kleinste Münze im
alten Rom. Ursprünglich bedeutete das lateinische Wort „Plättchen, Scheibe".
Eine beachtliche Bedeutungsverschiebung im Laufe der Jahrhunderte!

Karriere: Entlehnt aus frz. *carrière* (Rennbahn, Laufbahn) und ursprünglich aus
lat. carrus (Wagen).

Turnier: Aus dem Altfranzösischen *torn(e)ier* und *tourn(o)ier*, Drehungen
machen, die Pferde bewegen, im Kreis laufen lassen. Ein *tournoi*, ein Turnier,
war damals die Teilnahme am ritterlichen Kampfspiel.

Sport: Wie Tennis, auf den ersten Blick ein englisches Wort, eine Kurzform des
englischen disport (Zerstreuung, Vergnügen). Die Engländer haben allerdings
das altfranzösische Wort *desport* (Zerstreuung, Vergnügen) importiert - und
nicht nur dieses. Französisch ist eine romanische Sprache und, verglichen mit

Englisch oder Deutsch, relativ wortarm (ca. 130.000 Wörter). Der französische
Einfluss in England, vor allem in adligen Kreisen, war im Mittelalter allerdings
sehr groß. Es wurden insgesamt etwa 10.000 französische Wörter ins Englische
übernommen, von denen heute immer noch 75% in Gebrauch sind. Auf den
ersten Blick sind Wörter wie Budget, Flirt oder Rekord englischen Ursprungs.
Diese Wörter sind tatsächlich französischer Herkunft. Die *bougette* war im
mittelalterlichen Frankreich ein Lederbeutel. Damals hatte die Bekleidung
keine Taschen. Reisende trugen Geldstücke am Körper in einem faustgroßen
Ledersäckchen. Dieses *Portemonnaie* wurde entweder am Gürtel getragen
oder am Vorderteil des Pferdesattels aufgehängt und baumelte (frz. *bouger* =
bewegen) bei jeder Bewegung. Das Wort „Flirt" kommt aus dem Französischen
fleur (Blume).
Conter fleurette à une dame bedeutete „einer Dame den Hof machen". Was
„Rekord" betrifft, handelt es sich um ein altfranzösisches Wort, nämlich
recorder (erinnern).

Casse-cou: Draufgänger, wörtlich übersetzt „Bricht-Hals".

Leutnant: Von frz. *lieu* (Ort) und *tenant* (haltend). Der Leutnant war damals der
Statthalter. Siehe die Wortgeschichte „Leutnant", S. 110.

Bajonett

Auf den Schlachtfeldern von Verdun
Finden die Toten keine Ruhe.
Täglich dringen dort aus der Erde
Helme und Schädel, Schenkel und Schuhe.

Die erste Strophe des kurzen Gedichtes von Erich Kästner „Auf den
Schlachtfeldern von Verdun" bildet die Schrecken des Krieges nachdrücklich ab.
Im Ersten Weltkrieg, vom Februar bis Dezember 1916, tobte in Lothringen
die Schlacht von Verdun. Ein erbitterter Stellungskrieg mit Offensiven
und Gegenoffensiven, geringfügigen Geländegewinnen und extrem hohen
Verlusten auf beiden Seiten. Im Schnitt fielen täglich über tausend Soldaten,
stündlich gingen zehntausend Granaten vor Verdun nieder. Das riesige
Kampfgebiet glich einer Kraterlandschaft. Unzählige Tote, Verstümmelte,
Verwundete und für ihr Leben traumatisierte Menschen. Verdun: das Symbol
der Sinnlosigkeit des Krieges schlechthin, die Hölle.

Heute besuchen Deutsche und Franzosen diesen Hauptschauplatz des Ersten
Weltkrieges. Das *Mémorial de Verdun* ist ein sehenswertes Kriegsmuseum. Im
Beinhaus (frz. *L´Ossuaire*) von Douaumont, etwa sieben Kilometer von der
Bischofsstadt entfernt, sind die Gebeine von über 130.000 nicht identifizierten
Franzosen und Deutschen aufbewahrt. In der Nähe von Fort-Douaumont
kann man die beeindruckende *Tranchée des Baïonnettes*, den Bajonettgraben,
besichtigen. In Stein gemeißelt ist am Eingang der Gedenkstätte zu lesen: „*A
la Mémoire des Soldats français qui dorment debout le fusil en main dans cette tranchée
- Leurs Frères d´Amérique.*" (Zur Erinnerung an die französischen Soldaten, die
in diesem Schützengraben stehend schlafen, das Gewehr in der Hand – Ihre
Brüder aus Amerika). Unter dem Gebäude befindet sich der Schützengraben.
Aus dem zugeschütteten Graben ragen nur noch die Gewehre mit den
Bajonetten hervor. Der Überlieferung nach sollen in diesem Schützengraben

französische Soldaten des 137. Infanterieregiments durch *Artilleriefeuer* lebendig begraben worden sein. Ob die Tragödie wirklich an dieser Stelle geschah, wird heute kontrovers diskutiert. Fakt ist aber, dass beim Explodieren der unzähligen Granaten große Mengen Erde hoch geschleudert wurden und Soldaten bei lebendigem Leibe begraben wurden. Nicht alle konnten rechtzeitig aus dem Erdreich befreit werden.

Ein Bajonett war eine sogenannte *arme blanche*, eine Blankwaffe, eine Stich- und Stoßwaffe, die auf dem Gewehrlauf „aufgepflanzt" werden konnte. Im Ersten Weltkrieg war das Bajonett bis zu 50 cm lang und eher unhandlich für den Nahkampf in Schützengräben. Dort wurde der kürzere Grabendolch eingesetzt.

Der Ursprung des Wortes geht auf die Stadt Bayonne im Baskenland zurück. Mitte des 17. Jahrhunderts wurden dort die ersten Bajonette hergestellt. Einer Legende nach kämpften die Bayonnais in irregulären *Truppen*. Als sie kein Schießpulver mehr für ihre Musketen hatten, sollen sie zum Weiterkämpfen ihre Jagdmesser in die Mündungen gesteckt haben.
Mit zahlreichen Gedenkfeiern und Veranstaltungen wurde das Gedenkjahr 2014 zelebriert. In Erinnerung wird vor allem der 22. September 1984 bleiben. An jenem Tag besiegelten François Mitterrand und Helmut Kohl, Hand in Hand, die Versöhnung zwischen den beiden Völkern. Es folgte eine gemeinsame schriftliche Erklärung. Man habe an „historischer Stätte" ein Zeichen gesetzt, dass „beide Völker unwiderruflich den Weg des Friedens, der Vernunft und freundschaftlichen Zusammenarbeit eingeschlagen haben".

Etymologische Erläuterungen und weiterführende Hinweise

Artillerie: Von frz. *artillerie* und altfrz. *artill(i)ier* (mit Kriegsgerät ausrüsten).

Truppe: Von frz. *troupe* und lat. troppus (Herde).
Die baskische 44.500-Einwohner-Stadt Bayonne (baskisch und okzitanisch Baiona für „Guter Hafen") liegt im *Département* Pyrénées-Atlantiques in der Region Aquitanien. Der Bayoner Schinken (www.jambon-de-bayonne.com) schmeckt ausgezeichnet. Die 1932 ins Leben gerufenen traditionellen

Fêtes de Bayonne (www.fetes.bayonne.fr) zählen zu den wichtigsten Sommerveranstaltungen im Südwesten Frankreichs. An den letzten Julitagen kleidet sich die Stadt in weißen und roten Farben. Jährlich werden gut eine Million Besucher gezählt, die an verschiedenen Festen teilnehmen. Der Corso z. B. ist ein Umzug prächtiger Wagen; Tanz- und Gesangveranstaltungen sowie ein Stierlauf, der allerdings längst nicht so gefährlich wie im baskischen Pamplona ist, weil die Jungstiere nicht durch die Straßen getrieben werden, finden statt. Blutige und unblutige Stierkämpfe in der Arena (10.000 Plätze) von Bayonne haben eine lange Tradition. Das Rugby-Team von Bayonne zählt zu den besten in Frankreich. Last but not least ist auch ein bekannter Sportler ein berühmter Sohn der Stadt: Didier Deschamps, der frühere Weltmeister 1998 und aktuelle Trainer der französischen Fußball-Nationalmannschaft. Das Baskische, „Euskara", ist Europas älteste Sprache. Sie hat keine romanischen Wurzeln und ist mit keiner anderen europäischen Sprache verwandt. Einige Beispiele: ja = bai | nein = ez | Hallo! = Kaixo! | Guten Tag! = Egun on! | Tschüss = Agur | Danke! = Eskerrik asko!

Verdun ist eine interessante kleine Stadt (ca. 18.000 Einwohner) an der Maas (*la Meuse*). Sehenswert ist die Kathedrale Notre-Dame. Verdun ist Weltzentrum des Friedens. Das Weltzentrum wurde 1994 eingeweiht und wurde im 1723 erbauten Bischofspalais eingerichtet. Es ist ein Ort der Ausstellungen, der Begegnung und des Austausches.

Deutsche und Franzosen im Ersten Weltkrieg: Bei Kriegsbeginn am 01. August 1914 standen sich zunächst Deutschland und Österreich-Ungarn, die sogenannten „Mittelmächte", sowie Frankreich, das Britische Empire und Russland (die *Entente*) gegenüber. 13,2 Millionen deutsche und 8,1 Millionen französische Soldaten waren im Einsatz. Es fielen in einem verheerenden Stellungskrieg 2,04 Millionen deutsche und 1,33 Millionen französische Soldaten. In Deutschland starben ca. 700.000 Zivilisten (vor allem Hungertote im Winter 1916/1917), in Frankreich 600.000. Die Soldaten beider Nationen waren jubelnd in den Krieg gezogen... Lesenswert ist der Roman „14" von Jean Echenoz. Er wurde ins Deutsche übersetzt (Hanser Verlag). Informationen über den Ersten Weltkrieg unter www.centenaire.org. Zum Themenfeld Erster Weltkrieg: www.100-jahre-erster-weltkrieg.de.

Bastard

Ein diskriminierendes, übles Schimpfwort, eine unzulässige rassistische Verunglimpfung in vielen Sprachen, auch im Englischen.

Im 14. Jahrhundert in Frankreich war die Bezeichnung hingegen keineswegs ehrenrührig. Ein *bâtard* war ein rechtmäßig anerkannter außerehelicher Sohn eines Adligen mit einer Frau niederen Standes. Die *bâtards* wurden *enfants de l´amour*, Kinder der Liebe, genannt. Sie wurden von der Erbfolge nicht ausgeschlossen, waren sogar stolz auf ihre Abstammung väterlicherseits und hatten, wie zum Beispiel Jean de Dunois, der uneheliche Sohn des Herzogs Louis de Valois und seiner Geliebten Mariette d´Enghien, eigene Bastardwappen. Über das väterliche Wappen wurde ein sogenannter Bastardfaden, ein Beizeichen, schräglinks gelegt.

Zur Herkunft des Wortes gibt es zwei Hypothesen. Das Wort soll auf das Altfranzösische *fils de bast*, aus *fils* (Sohn) und *bast* (Packsattel) zurückgehen. Dieser obskuren Erklärung zufolge wäre der Bastard ein auf dem Packsattel gezeugter Sohn. Etwas mehr Zärtlichkeit und Ritterlichkeit dürfte man von einem Adligen eigentlich erwarten. Nach einer anderen Herleitung käme der Begriff aus der Botanik. Der Bastard wäre ein „wilder Schößling", also ein Sämling, eine aus einem Samen durch Keimung aus dem Embryo entstandene junge Pflanze. Es bestünde dann eine sprachliche Verwandtschaft mit dem Wort *bâton* (Stock).

Wie dem auch sei, ein *bâtard* bezeichnet in der modernen französischen Sprache einen *chien bâtard*, einen Mischlingshund, oder eine Brotsorte. Zu Recht gelten die Deutschen mit etwa 600 Brotsorten als Brotweltmeister. Im Nachbarland ist die Auswahl vergleichsweise begrenzt. Zu den Klassikern zählen *baguettes* bzw. *baguettes de tradition*, die dünneren *flûtes* (Flöten) und *ficelles* (Schnüre) sowie *pains de campagne* (Landbrote) und *miches* (Brotlaibe), auch *boules* genannt. Einen guten Kompromiss zwischen einem Baguette und einem *pain* von einem Kilogramm stellt das *bâtard* dar. Es ist quasi ein Mischling von 450 Gramm.

Berühmte Bastarde in Frankreich waren der Aufklärer und Mitherausgeber der *Encyclopédie* Jean Le Rond d´Alembert, der Romancier Alexandre Dumas, *fils naturel*, unehelicher Sohn von Alexandre Dumas *père* und Marie-Catherine Labay, einer Näherin, und der französische Dichter italienisch-polnischer Abstammung, Guillaume Apollinaire. Einer der berühmtesten Bastarde war sicherlich Guillaume le Conquérant, Wilhelm der Eroberer. Vor der entscheidenden Schlacht von Hastings am 14. Oktober 1066 hieß der Herzog der Normandie Guillaume le Bâtard. Bei Hastings wurde der eidbrüchige angelsächsische König Harald II. getötet. Am Weihnachtstag 1066 bestieg Wilhelm der Bastard in der Westminsterabtei den englischen Thron.

Ein Bastard als König, nicht gerade entwürdigend und eine besondere Ironie der Geschichte.

Etymologische Erläuterungen und weiterführende Hinweise

Bast wird im modernen Französisch mit *bât* (Packsattel) übersetzt. Die Redewendung *C´est là que le bât (le) blesse* (wörtlich, an dieser Stelle verletzt (ihn) der Packsattel) bedeutet „da drückt (ihn) der Schuh; das ist ein wunder Punkt (bei ihm)."

Baguette: Von frz. *baguette*, ital. baccheta (kleiner Stab) und lat. bacculum (Stab). Das Baguette wurde gegen 1830 in Frankreich eingeführt und war ursprünglich ein Wiener Brot. Das Wiener Backverfahren, längliche Brote herzustellen wurde übernommen. Schätzungsweise vertilgen die Franzosen an die zehn Milliarden *baguettes* jährlich. Sie werden mehrfach täglich gebacken. Bei jeder Preiserhöhung gibt es wütende Proteste der Bevölkerung. Man darf nicht vergessen, dass Brotmangel und Hungersnot die Ursachen der Französischen Revolution waren. Jedes Jahr wird in Paris der begehrte *Grand prix de la baguette* für das beste Baguette der Hauptstadt ausgeschrieben. 2014 gewann Antonio

Teixeira, *artisan boulanger* in der Bäckerei *Aux Délices du Palais*. Teixeira bekam 4.000 Euro Preisgeld und darf ein Jahr lang den *Palais de l´Elysée* beliefern.

Das Wort *boulangerie* ist eine Ableitung von *boulenc*. So wurden Bäcker in der Picardie in Nordfrankreich genannt, weil sie runde Brote, sogenannte *boules*, backten. Vor der Französischen Revolution waren alle Brotsorten in Frankreich rund oder oval. Wenn Sie *une baguette tradition*, also nach dem Reinheitsgebot, in einer französischen Bäckerei kaufen möchten, sagen Sie bitte ganz einfach „*Une tradition, s´il vous plaît.*“

Was Guillaume le Conquérant betrifft, ist der berühmte Wandteppich von Bayeux, die 70 Meter lange *tapisserie de la reine Mathilde*, das wichtigste zeitgenössische Dokument über die Schlacht von Hastings und die Eroberung Englands durch die Normannen. Der Wandteppich mit seinen 58 Szenen wurde um 1070 angefertigt.
Nähere Informationen unter www.tapisserie-bayeux.fr. Als erste französische Stadt wurde Bayeux in der Normandie am 7. Juni 1944 von den Alliierten befreit.

Begonie

Ob gelb, orange, rot oder rosa, Begonien sorgen im Haus oder Garten für ein fröhliches Farbenmeer. Und um das Meer geht es auch in dieser Wortgeschichte.

In Blois an der Loire erblickte 1638 Michel Bégon das Licht der Welt. 1677 trat er der *Marine* bei und erklomm die Sprossen der *Karriere*leiter als *Kommandant* von Le Havre, dann als *Gouverneur* von Saint-Domingue und letztendlich als Kommandant des Hafens von Rochefort im *Département* Charente-Maritime, wo er 1710 starb. Unter Ludwig XIV. wurde Frankreich eine erstrangige Seemacht, und Rochefort war aufgrund seiner günstigen Lage ein wichtiger Stützpunkt. Dort ließ *Minister* Jean-Baptiste Colbert 1666 das größte Marinearsenal Frankreichs errichten. Davon ist heute in der Partnerstadt von Papenburg nur die *Corderie Royale*, die Königliche Seilerei, geblieben. Diese ist dennoch sehenswert. Das Gebäude ist an einem Floß verankert, das aus einem Gitterwerk von Eichenbrettern besteht. In der *Corderie Royale* wurde Tauwerk für die großen Kriegsschiffe der französischen Marine hergestellt. Ein Abstecher nach Rochefort lohnt sich auch aus einem anderen Grund. Dort steht das monumentale Haus des *Marineoffiziers* und Schriftstellers Pierre Loti. Ein Muss!

Warum wurde die aus den südamerikanischen Anden stammende Pflanze nach Michel Bégon benannt? Der aus Marseille stammende Franziskaner und Botaniker Charles Plumier hat die Begonie ihm zu Ehren benannt.

Etymologische Erläuterungen und weiterführende Hinweise

Gouverneur: Von frz. *gouverneur* und lat. gubernator (Steuermann (eines Schiffes)).

Kommandant: Von frz. *commandant* und *commander* und ursprünglich aus dem Lateinischen „commandere" (anvertrauen, übergeben).

Marine: Von frz. *marin* (die See betreffend).

Minister: Seit dem 17. Jahrhundert von frz. *ministre*, eigentlich „Diener", dann etwa „Diener des Staates". *Ministre* stammt aus dem Lateinischen ministerium (Dienst, Amt). Das deutsche Wort „Metier" ist entlehnt aus frz. *métier* (Beruf). *Métier* (altfrz. *menestier*) hat sich aus lat. ministerium entwickelt. „Ministerium" und „Metier" sind also sprachlich eng verwandt. Der Finanzminister Colbert (1619-1683) verstand sein Metier. Unter Ludwig XIV. gelang es Colbert, den Staatshaushalt zu sanieren, um die sehr hohen Aufwendungen vor allem für den König selbst, den Hofstaat, das Militär und dessen Kriegszüge zu finanzieren.

Marineoffizier: Das Wort „Offizier" ist entlehnt aus frz. *officier*, ursprünglich „Amtsinhaber".

Blois (ca. 45.000 Einwohner) liegt an der Loire, mit 1012 Kilometern der längste Strom Frankreichs, zwischen Orléans und Tours. Das Loiretal, *le Jardin de la France*, „der Garten Frankreichs", gehört zu den schönsten Kulturlandschaften Europas und ist UNESCO-Weltkulturerbe. Eine liebliche Landschaft, ein mildes Klima, edle Weißweine, Traumschlösser, was will man mehr? Wegen der Schönheit des Tales ließ sich der französische Adel seit dem Beginn der Renaissance im XV. Jahrhundert bevorzugt an der Loire nieder. Prächtige Schlösser wurden errichtet, renommierte Künstler wie z. B. Leonardo da Vinci von König Franz I. nach Amboise eingeladen. Ausführliche Informationen, auch in deutscher Sprache, unter www.bloischambord.com. Übrigens, in dieser Region wird das beste Französisch gesprochen.

Le Havre (ca. 175.000 Einwohner): Die Hafenstadt in der Region Haute-Normandie wurde im Zweiten Weltkrieg, vor allem durch die Briten, fast komplett zerstört.
Am 05. und am 06. September 1944 starben 3.000 Menschen, an die 12.500 Gebäude wurden zerstört. Heute erfreut sich Le Havre einer interessanten Nachkriegsarchitektur (UNESCO-Weltkulturerbe). www.lehavretourisme.com/de.

Nähere Informationen über Rochefort (aus frz. *roche* und *fort*, „starker Fels") unter www.ville-rochefort.fr.

Bonbon

Eine Rechtschreibregel im Französischen besagt, dass vor dem Buchstaben „b"
ein „m" stehen muss. Z.B. *la bombe*, die Bombe. Aber was wäre eine Regel ohne
die Ausnahme, die sie bestätigt? Einer Erklärung bedarf das süße Wort *bonbon*.

Wie bei *miam-miam* (Essen), *pipi* oder *caca* entstammt die sprachliche Anomalie
der Kindersprache (frz. *le langage enfantin*). Was gut (frz. *bon*) schmeckt, ist
für kleine Leckermäulchen doppelt so gut, also „*bon, bon*". Im Fachjargon der
Linguisten: eine reduplizierende Wortbildung (frz. *un redoublement expressif*).
In unserer schnelllebigen Zeit greifen auch Erwachsene gerne auf solch
ausdrucksvolle Wiederholungsformen wie „dalli dalli" und „zack, zack" zurück!

Der Legende nach entstand das Wort Bonbon während der
Hochzeitsfeierlichkeiten von Heinrich IV. und Marie de Médicis im Dezember
1600 in Lyon. Die Florentinerin hatte ihren talentierten *confiseur*, Giovanni
Pastilla, mitgebracht. Seine bunten, aromatischen Süßwaren gefielen den
Hofkindern so gut, dass sie immer wieder „*bons, bons!*" ausgerufen haben sollen.

Apropos Pastilla. Seit 1856 werden in meiner schönen Heimatstadt Vichy die
Erfrischungsbonbons *pastilles de Vichy* produziert. In aristokratischen Kreisen
erfreuten sie sich großer Beliebtheit. Vichy gilt als *la Reine des Villes d´Eau*,
die Königin der Heilbäder in Frankreich. Und aus den Salzen dieser Quellen
werden die weißen, verdauungsfördernden *pastilles* hergestellt.

Andere französische Städte sind stolz auf ihre süßen Spezialitäten. In
Nantes und in Carpentras im *Département* Vaucluse gibt es *berlingots*. Diese
durchscheinenden Bonbons mit den charakteristischen weißen Streifen haben
die *bizarre* Form eines Tetraeders, eines Vierflachs. In aller Munde sind die
berühmten *bêtises*, die „Dummheiten", der nordfranzösischen Stadt Cambrai.
Es sind Pfefferminzbonbons aus karamellisiertem Zucker, die wie kleine

aufgeblasene, gerillte Kissen aussehen. Ein beliebtes *Souvenir*. Dieses Bonbon soll durch einen Irrtum, eine „Dummheit" bei der Fabrikation entstanden sein. Bis heute streiten sich in Cambrai die örtlichen Hersteller Afchain und Despinoy, wer die „erste und wahre Dummheit" begangen hat.

Eine Reise durch die Kulturgeschichte der Bonbons bieten Montélimar im Tal der Rhone und das historische Städtchen Uzès, nördlich von Nîmes. Für den weißen Nougat aus Montélimar werden provenzalischer Honig und geerntete Mandeln aus der Region verarbeitet. Im *Palais des Bonbons et du Nougat* ist „Kunst aus Süßigkeiten" zu sehen. Vom nachgebauten Hummer bis zum Tanga aus Bonbons. Nicht zu übersehen ist der größte Nougat der Welt, ein rund 1.300 kg schwerer Nougatbrocken. In Uzès, *ville d´art et d´histoire* mit einer sehenswerten Altstadt und Kathedrale, erfahren kleine Naschkatzen und ihre Eltern alles über die Geschichte und die Herstellungsweise der Süßigkeiten. Die legendären *ours d´or*, die Goldbären, haben auch Frankreich erobert. Das 1996 eröffnete Haribo-Museum befindet sich im Werk der ehemaligen *Réglisserie* Zan, des Lakritzwerks, das von Haribo gekauft wurde. Dort wird sogar ein mit Lakritzschnecken bestücktes Kleid ausgestellt.

Süß, diese Bonbons? Sprachlich nicht immer. Genervte Franzosen, Männer natürlich, sagen manchmal: *Vous me cassez les bonbons!* („Sie brechen mir die...!"). Sie haben es verstanden.

Etymologische Erläuterungen und weiterführende Hinweise

Confiseur: Von gleichbedeutend frz. *confiseur* und frz. *confire* (vorbereiten).

Bizarr: Von frz. *bizarre* (seltsam) und ital. bizarro (zornig, launenhaft).

Souvenir: Von frz. *souvenir* (Erinnerung).

Nantes (ca. 285.000 Einwohner): Die schöne Partnerstadt von Düsseldorf ist nicht nur wegen der *berlingots* bekannt. Die *rigolettes nantaises* sind mit Fruchtpaste gefüllte Bonbons. In Frankreich kennt jeder die LU Kekse aus

Nantes. Ein berühmter Sohn der Stadt war Jules Verne (1828-1905).Über den damaligen florierenden Sklavenhandel in der Hafenstadt wollen wir lieber den Mantel des Schweigens ausbreiten...
www.nantes-tourisme.com und www.nantes.fr.

Carpentras (www.carpentras-ventoux.com) ist eine geschichtsträchtige Kleinstadt (ca. 30.000 Einwohner) im *Département* Vaucluse. Carpentras war damals die Hauptstadt des Comtat Venaissin, einer von Paris unabhängigen Grafschaft inmitten französischen Staatsgebiets. Nach Avignon war Carpentras ein wichtiges Zentrum und Zufluchtsort des französischen Judentums vor der Verfolgung unter Philipp IV. dem Schönen. Die Juden bewohnten ein Ghetto, ein *carrière* (Steinbruch) genanntes Judenviertel, dessen Tore jeden Abend verschlossen wurden. Die Synagoge von 1367 ist die älteste ganz Frankreichs. 1743 wurde sie durch eine neue ersetzt. Carpentras ist in Frankreich nicht nur wegen der *berlingots* bekannt, sondern ist eine Bastion des *Front National*. 1990 wurde der jüdische Friedhof von Neonazis geschändet. Dies bewirkte einen landesweiten Aufschrei. Heute sind es die Muslime, die Überfremdungsängste auslösen. Hinzu kommt eine 20%ige Arbeitslosigkeit in Carpentras.

Grundverschieden und beide sehr charmant sind die Städte Uzès (www.uzes.fr) und Vichy (www.ville-vichy.fr). Die alte Römerstadt Nîmes (www.nimes.fr) im *Département* Gard ist auch aus etymologischer Sicht interessant. Das Wort „Denim", also *de Nîmes* (aus Nîmes) geht auf das Gewebe *serge de Nîmes* zurück. Ein berühmter Sohn der Stadt ist Jean Nicot (1530-1604), der Namensgeber des Wortes „Nikotin". Er war Diplomat und Gesandter am portugiesischen Hof. Siehe dazu die Wortgeschichten „Denim" und „Nikotin" in meinem Buch „Madame Baguette und Monsieur Filou", Magenta-Verlag.

www.pastille-vichy.fr und in Montélimar, www.palais-bonbons.com. Das französische Wort *nougat* für den weißen Nougat ist dem okzitanischen *nogat* entlehnt, einer Ableitung von okz. *noga* (Nuss) und lat. *nux*.

Die Rhone heißt auf Französisch *le Rhône*. Der 812 Kilometer lange Fluss entspringt am Rhonegletscher im schweizerischen Kanton Wallis und mündet in Frankreich in der Camargue ins Mittelmeer.

Braille

Kann man mit lediglich sechs Punkten die Welt verändern? Wenn man von einer bestimmten Welt spricht, nämlich der der Blinden und Sehbehinderten, ist es Louis Braille meisterlich gelungen.

Louis Braille wird 1809 in Coupvray, einem Dorf in der Nähe von Paris, als Sohn eines Sattlers geboren. Beim Spielen mit einem spitzen Werkzeug in der Sattlerei verliert er im Alter von drei Jahren das Augenlicht.

Louis ist ein sehr intelligenter Junge. Mit sieben Jahren verlässt er die Dorfschule und bekommt *une bourse*, ein Stipendium für das Pariser Blindeninstitut, die erste Blindenschule der Welt. Seinerzeit lernten die blinden Schüler vor allem durch intensives Zuhören und Wiederholen des Gehörten. Louis ist erst fünfzehn, als er ein leicht erlernbares Blindenalphabet erfindet, das mit nur sechs erhabenen Punkten dargestellt werden kann und dabei 63 Punktkombinationen zulässt. Mit einer Tasteinheit kann die Grundform der Schrift erfasst werden. Sogar Musiknoten – Braille selbst spielte Orgel – und mathematische Zeichen sind nunmehr für Blinde erfühlbar.

Louis Braille ist neunzehn Jahre alt, als er eine Stelle als Schullehrer bekommt. Er schreibt ein Buch über sein neues Blindenalphabet.

Nul n´est prophète en son pays, der Prophet gilt nichts im eigenen Land, lautet ein bekanntes Sprichwort. Braille muss ertragen, dass ein neuer Rektor ihm zeitweise verbietet, sein Blindenalphabet im Unterricht zu verwenden, unter dem Vorwand, dass sich dadurch die Kluft zwischen Sehenden und Blinden noch vergrößere. Erst kurz vor dem Tod Brailles 1852 wird das Sechspunkte-Alphabet offiziell von der Pädagogischen Akademie Frankreichs anerkannt. Danach setzt sich die Braille-Schrift gegen alle anderen Blindenschriftsysteme weltweit durch. Einhundert Jahre nach dem Tod Brailles wird seine Leiche exhumiert und in das Pariser *Panthéon* überführt. Seine Hände bleiben allerdings in seinem Grab an seinem Heimatort.

Für blinde Menschen ist der technische Fortschritt ein Segen. U.a. können sie mit Hilfe einer sogenannten Screenreader-Software am Computer arbeiten. Auch in Marburg hat Louis Braille seine Spuren hinterlassen. Die dortige Blindenstudienanstalt verfügt über eine Braille-Druckerei.

Louis Braille: *Le génie au bout des doigts* (Das Genie bis in die Fingerspitzen). Einen besseren Titel für sein Buch hätte C. Michael Mellor nicht finden können.

Etymologische Erläuterungen und weiterführende Hinweise

Genie: Ende des 17. Jahrhunderts von frz. *génie* und ursprünglich aus lat. genius (Schutzgeist). Genius war im 2. Jahrhundert nach Chr. ein Schutzgeist in der römischen Religion und Mythologie. Der Genius, den nur Männer besaßen, wohnte einem jeden Mann inne und starb mit ihm. Er repräsentierte seine Persönlichkeit und gab ihm die Fähigkeit zur Zeugung von Nachkommen. Er war also „der Erzeuger". Später entstand die Bedeutung „Schöpfergeist, natürliche Begabung".

Das Pariser *Panthéon* ist eine ehemalige Kirche und das Hauptwerk des Architekten Jacques-Germain Soufflot. Dieser hatte 1750 in Rom studiert. Nach seiner Rückkehr erbaute er die Kirche Sainte-Geneviève, das heutige Panthéon, deren Kuppel zu den bekanntesten der Welt gehört. Das Panthéon ist die nationale Ruhmeshalle Frankreichs. Dort befinden sich die Grabstätten u.a. von Braille, Rousseau, Voltaire, Victor Hugo, Jean Jaurès, Jean Moulin, sowie zahlreichen anderen *grands hommes*, den „großen Männern" der französischen Geschichte. Bisher fanden nur zwei Frauen ihre letzte Ruhestätte im Panthéon, die Physikerin und Chemikerin Marie Curie und die Wissenschaftlerin Sophie Berthelot. Dies wird sich am 27. Mai 2015 anlässlich der *Journée Nationale de la Résistance* ändern. An diesem Gedenktag werden die Überreste von zwei Widerstandskämpferinnen, Germaine Tillion und Geneviève de Gaulle-Anthonioz, in das Panthéon überführt.

Brimborium

Die ehrgeizige Bürgerliche Jeanne-Antoinette Poisson hatte 1745 den König Ludwig XV. auf einem Maskenball kennengelernt. Alsbald wurde sie *maîtresse en titre*, die offizielle Mätresse des Königs, und erhielt im selben Jahr den Titel Marquise de Pompadour samt Wappen und Landsitz. Sie ließ von namhaften Architekten mehrere Schlösser bauen, darunter das *Hôtel d´Evreux*, den heutigen *Palais de l´Elysée* in Paris und, auf der Höhe zwischen Sèvres und Meudon, das Lustschloss Bellevue. Am Seine-Ufer stand der zur Schlossanlage gehörende *Pavillon Brimborion*. Die einflussreiche Marquise empfing dort den König und einen erlesenen Kreis von Höflingen und Künstlern, die *crème de la crème* Frankreichs. Sie nannte den kleinen Pavillon scherzhaft ihren *brimborion*, also etwas Unbedeutendes, eine nette Kleinigkeit. Der Pavillon war eine Lappalie für die vermögende Favoritin.

Der Begriff „Brimborium" ist französischer Herkunft. Er entstand als Abwandlung des kirchenlateinischen Wortes „breviarium" (Gebetsbuch). Im Französischen wurde „breviarium" *breviarion* gesprochen. Daraus wurde *briborion* und in der Endform *brimborion* in der Bedeutung von „gemurmeltes Gebet". Im übertragenen Sinne war das eine unbedeutende, unnütze Sache, eine Lappalie. Im gehobenen Französisch wird das Wort immer noch verwendet.

Das Schloss Bellevue und der Pavillon Brimborion wurden 1823 abgerissen. In Sèvres, wo die Pompadour 1756 die berühmte *Manufacture Royale de Porcelaine* als Konkurrenz zu Meißen errichten ließ, hat sich das Wort *brimborion* erhalten. So heißen in der schönen kleinen Stadt bei Paris eine *avenue*, ein Gymnasium, eine Parkanlage und sogar ein Pony-Club. Das Wort gehört zum Alltag. Darum machen die Sévriens kein großes Brimborium.

Etymologische Erläuterungen und weiterführende Hinweise

Crème de la crème: Die gesellschaftliche Oberschicht. Ursprünglich von lat. crama (Sahne).

Das Wort *pompadour* bezeichnet auch eine beutelartige Damenhandtasche mit Zugbänden, die gleichzeitig als Verschluss und Henkel dienen.

Beim *Hôtel d´Evreux* handelt es sich um ein sogenanntes *hôtel particulier*, also ein herrschaftliches Stadthaus. Der Elysée-Palast wurde 1753 von Ludwig XV. als Residenz für die Marquise de Pompadour gekauft. Weitere Informationen über den prunkvollen *Palais de l´Elysée* finden Sie unter www.elysee.fr. Das deutsche Wort „Palast" ist eine Entlehnung aus frz. *palais* und aus lat. Palatium. Dies war der ursprüngliche Name des palatinischen Berges in Rom, einem der sieben Hügel, auf denen die Ewige Stadt erbaut wurde.

Pavillon: Von frz. *pavillon* (Zelt) und aus lat. papilio (Schmetterling). Es folgte eine Übertragung auf feste kleine Bauten.

Avenue: Von gleichbedeutend frz. *avenue* (breite Straße).

Die *Manufacture Royale de Sèvres* ist eine der bedeutendsten europäischen Manufakturen zur Herstellung von *porcelaine tendre*, wörtlich „zartes Porzellan", also Frittenporzellan. Siehe auch www.ville-sevres.fr. Das deutsche Wort „Manufaktur" ist entlehnt aus frz. *main* (Hand) und *facture* (Herstellung) und ursprünglich aus dem Lateinischen manus (Hand) und factura (Herstellung).

Camembert

Vachement bon! Unheimlich gut!

Im Land der 350 Käsesorten ist der *camembert* der berühmteste und leider der meistkopierte Käse der Welt. Ein echter *camembert* aus *lait cru*, Rohmilch, darf nur aus der Normandie kommen und trägt das begehrte AOC-Siegel (*Appellation d´Origine Contrôlée*). In ganz Frankreich haben nur 46 Käsesorten diese Herkunftsbezeichnung.

Chaource, Roquefort, Saint-Nectaire bzw. Livarot und Pont-L´Evêque im *Département* Calvados sind Städtchen, die für ihren jeweiligen Käse bekannt sind. Um das Dörfchen Camembert in der Basse-Normandie grasen die „*normandes*". Diese kastanienbraunen, gefleckten Kühe sind hervorragende Milchlieferantinnen.

Lediglich fünf Kilometer von Camembert entfernt liegt das Städtchen Vimoutiers. Es wurde versehentlich am 14. Juni 1944 durch ein *bombardement* der Alliierten fast völlig zerstört, an die 200 Menschen verloren ihr Leben. In dem Ort befinden sich *la Maison du Camembert* und eine Statue zu Ehren der angeblichen Erfinderin des Camembert, Marie Harel. Zur Zeit der Französischen Revolution soll ein verfolgter Priester aus der Brie-Region, Abbé Charles-Jean Bonvoust, bei der Bäuerin Unterschlupf gefunden haben. Aus Dankbarkeit soll er sie in die hohe Kunst der Camembert-Herstellung eingeweiht haben. Belegt ist allerdings, dass in der Gegend um das Dorf Camembert schon lange vorher ähnliche Käse erzeugt worden sind.

Napoleon III., ein ausgesprochener Käse-Liebhaber, trug zum Siegeszug des Camembert bei. Er setzte ihn auf die kaiserliche Hoftafel. Der Weichkäse wurde rasch zum Exportschlager, was auch ein Verdienst des Ingenieurs Riedel war. Er erfand die praktische, runde Spanschachtel.

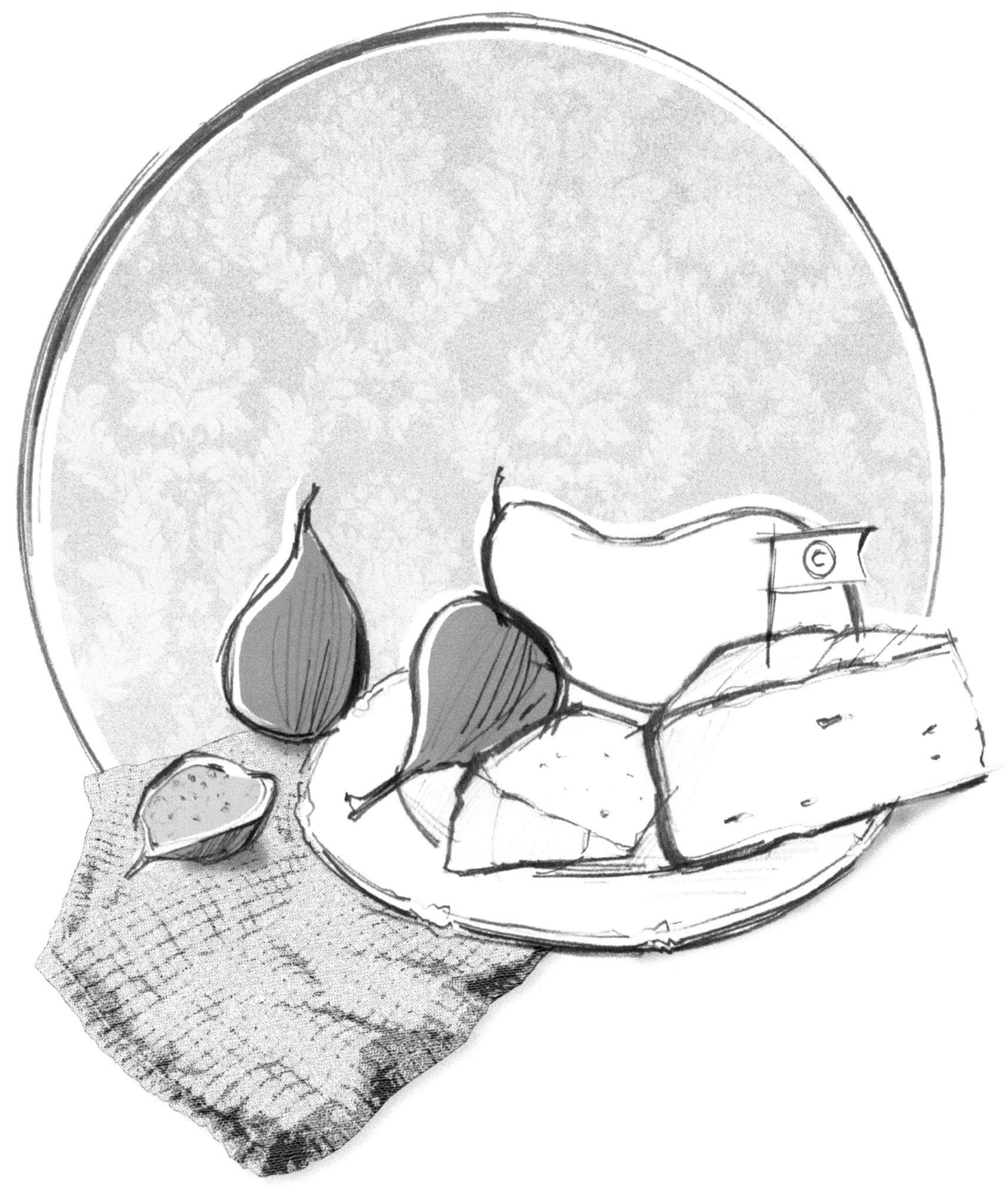

Vielen Franzosen ist der Erhalt der Esskultur wichtig. Dafür sind sie bereit, auf die *Barrikaden* zu gehen. Es gibt ohnehin genug *malbouffe*, schlechtes Essen, das man bedenkenlos schnell verschlingt.

2007 brach in der Normandie *la guerre du camembert*, der Camembert-Krieg aus. Zwei Großkonzerne, Lactalis und Isigny, hatten immer mehr Familienbetriebe aufgekauft und wollten aus wirtschaftlichen Gründen pasteurisierte Milch zur Herstellung des Camembert verwenden und dabei auf das AOC-Siegel verzichten. Bakterienreiche Rohmilch sei gesundheitsgefährdend. 2008 parierten die Rohmilch-Verfechter den Angriff auf die französische Esskultur. Keine Massenware mit behandelter Milch! Das Gütesiegel AOC erhielt nur derjenige Camembert, der aus Rohmilch hergestellt wurde. Ein wenig stinken sollte er schon. Mit Abgang.
So schmeckt er wirklich gut, mit einem Stück Baguette und einem Glas Rotwein. Französisches *Savoir-Vivre*!

Etymologische Erläuterungen und weitere Hinweise

Vachement: Umgangssprachlich für „sehr". Das Wort *vache* (Kuh) ist in diesem kuriosen Adverb leicht zu erkennen. *La vache qui rit* (die Kuh, die lacht) ist seit 1921 der weltweit bekannte Markenname eines französischen Schmelzkäses der *Fromageries Bel* in Paris. Die knallrote lachende Kuh mit den runden Ohrringen ist eine deutsch-französische Geschichte. Im Ersten Weltkrieg hatte der Illustrator Benjamin Rabier, der mit Léon Bel befreundet war, die geniale Idee, eine strahlende Kuh auf die Fahrzeuge, die den französischen Truppen frisches Fleisch brachten, zu malen. In Anspielung auf die deutsche Walküre (frz. *valkyrie*), das Emblem der deutschen Transporteinheiten, nannte man die lachende Kuh „Wachkyrie".

Bombardement: Von frz. *bombarde*. Die Bombarde war damals ein schweres Belagerungsgeschütz.

Barrikade: Von frz. *barricade* und frz. *barrique* (Weinfass).

Barrikaden wurden in Frankreich u.a. mit aufgestapelten Weinfässern errichtet.

Savoir-Vivre: Lebensart. Von frz. *savoir-vivre* („wissen-leben", also wissen wie man leben soll).

Les fromages de Normandie: www.lesfromagesdenormandie.com.

Le Musée et la Maison du Camembert: www.fermepresident.com.

Die Brie ist eine historische Region, gelegen im Osten der Île-de-France zwischen der Marne im Norden und der Seine im Süden. Der Weichkäse mit Edelschimmel ist bekannt. Besonders schmackhaft ist der *brie de Meaux*. Siehe dazu die Wortgeschichte in meinem Buch „Madame Baguette und Monsieur Filou", Magenta-Verlag.

Urlaub in der Normandie: www.normandie-tourisme.fr.

Chaiselongue und Recamiere

Eine geschwungene Designer-Chaiselongue von Le Corbusier ist eine schicke, *komfortable* Relaxliege. Sie hat ihren Preis.

Im 18. Jahrhundert in Frankreich konnten sich nur wenige wohlhabende Bürger die ersten Chaiselongues im Louis-Quinze- und später im Louis-Seize-Stil leisten. Diese Polstermöbel sahen allerdings anders aus als die modernen Chaiselongues. Es waren zweiteilige *Möbel*. Sie bestanden aus einem durch einen *tabouret* (Hocker) verlängerten *fauteuil* (Sessel). Das Möbelstück, wörtlich „langer Stuhl" (*chaise longue*), trug die skurrile Bezeichnung *duchesse brisée* (gebrochene Herzogin). Das klingt nicht gerade rückenfreundlich und ein wenig unbequem.

Nach und nach verschmolzen die *duchesses brisées* zu einem einzigen „ungebrochenen" Möbelstück, aus dem sich sowohl die Récamière als auch die sogenannte moderne Chaiselongue entwickelten.

In der Napoleonischen Zeit wanderte das französische Wort nach Deutschland aus, und wurde in verschiedene Regiolekte übernommen. Auf ihrer Deutschland-Reise erlitt die Chaiselongue manche Verballhornung: Schäßlong (Berlinerisch, Hessisch), Schäselong (Kölsch), Schässelong (Pfälzisch), Schässlo (Schwäbisch). Und so wird heute das von Chaiselongue abgeleitete Wort „Schesslo" im badischen Dialekt allgemein für gepolsterte Sitzmöbel verwendet. Am Niederrhein blieb die französische Schreibweise unversehrt.

Die Nachfolgerin der *chaiselongue* war die *récamière*. Sie war im 18. und im 19. Jahrhundert ein kombiniertes Sitz- und Liegemöbel ohne Rückenlehne,

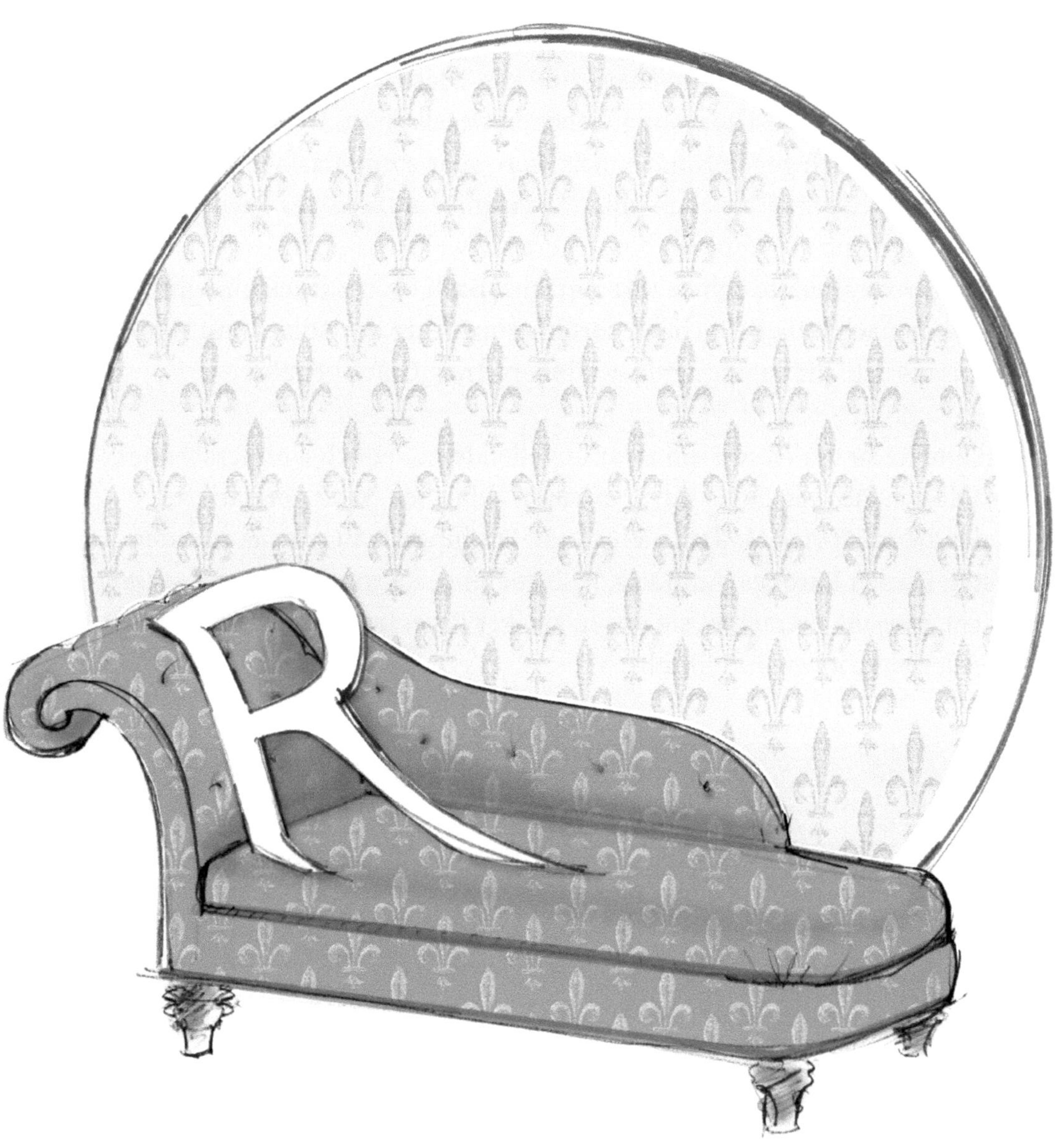

aber mit gleich hohen, geschwungenen Armlehnen. Namensgeberin war
die vermögende *salonière* Juliette Récamier (1777-1849). Mit fünfzehn Jahren
heiratete die junge Julie Bernard aus Lyon den reichen und wesentlich älteren
Bankier, Jacques-Rose Récamier. Juliette war mit einer anderen berühmten
salonière eng befreundet, der Baronin und Schriftstellerin Germaine de
Staël. Beide Damen unterhielten *Salons* in Paris. Diese waren ein wichtiger
Treffpunkt der liberal gestimmten gehobenen Gesellschaft. Dort wurde auch
Politik gemacht, auch gegen Napoleon agitiert, sehr zum Missfallen des Kaisers.
Sowohl Madame de Staël als auch Juliette Récamier wurden aus Paris verbannt.
Die Baronin ging nach Coppet in die sichere Schweiz und stand dort quasi
unter Hausarrest. Juliette kehrte 1811 zunächst nach Lyon zurück und ging
anschließend nach Italien. Sie blieb dort bis zum Sturz des Adlers und kam
nach Paris zurück. Ihr Salon wurde wieder eröffnet. Glück gehabt!

Von Juliette Récamier ist uns ein zwar unvollendetes, jedoch wunderschönes
Ölgemälde von Jacques-Louis David erhalten geblieben. 1800 porträtierte
der Maler die 23-jährige Madame Récamier. Die junge Frau galt als eine der
schönsten Frauen Europas. Anmutig, halb auf einer Récamière liegend, *elegant*
aber nicht *arrogant*, betrachtet sie uns in antiker Pose. Im Pariser Louvre zu
sehen. *Jolie comme un cœur!* Bildhübsch!

Etymologische Erläuterungen und weiterführende Hinweise

Komfortabel: Entlehnt aus dem englischen Wort „comfort", dessen Herkunft auf das altfranzösische Verb *conforter* (stärken, trösten) zurückgeht. *Confortable* = bequem.

Möbel: Entlehnt aus frz. *meuble* und ursprünglich aus lat. mobile (bewegliches Gut).

Elegant: Von frz. *élégant* und lat. elegans (herauslesend, auswählend).

Arrogant: Von frz. *arrogant* und lat. arrogans (etwas für sich beanspruchend).

Jolie comme un cœur: Wörtlich „hübsch wie ein Herz".

Die französischen Wörter *chic* (schick) und *fauteuil* (Sessel) sind eigentlich deutscher Herkunft. *Chic* ist eine Entlehnung von „Geschick" im Sinne von „Haltung" in der Militärsprache. *Fauteuil* ist ein uraltes Wort und entstammt dem altwestfränkischen „faldistôl" (Faltstuhl).

Le Corbusier (1887-1965) ist der Künstlername von Charles-Edouard Jeanneret-Gris. Der gebürtige Schweizer war nicht nur einer der bedeutendsten und einflussreichsten Architekten des 20. Jahrhunderts, sondern auch ein Stadtplaner, Maler (mehr als 400 Gemälde), Zeichner, Bildhauer (44 Skulpturen) und Möbeldesigner.

Chapeau

Als ich vor einigen Jahren die Ausstellung „Napoleon. Trikolore und Kaiseradler über Rhein und Weser" im Preußen-Museum in Wesel besuchte, fiel mir ein besonderes Exponat, eine Leihgabe des *Musée de l´Armée* in Paris, auf: *le petit chapeau de l´Empereur*, „der kleine Hut des Kaisers". Es war ein *bicorne*, ein Zweispitz, gefertigt aus schwarzem und mittlerweile etwas mürbem Filz mit einer *cocarde*, einer Kokarde, an der Vorderseite.

Während seine *Generäle* und Marschälle, wie zum Beispiel der *extravagante* Joachim Murat, funkelnde Uniformen und prächtige, mit Straußenfedern geschmückte Kopfbedeckungen trugen, hatte sich Napoleon für eine unkonventionelle Selbstdarstellung entschieden. Er trug einen grauen *Redingote*-Mantel und einen schlichten Filzhut des Hutmachers Poupard. Für jeweils sechzig *Francs* bestellte er seine Zweispitze bei Poupard in Paris. Das scheinbar unscheinbare Outfit erwies sich in doppelter Hinsicht als sehr wirkungsvoll. Einerseits machte sich der gewiefte Stratege, der (ab)sichtlich bemüht war, sich in Bescheidenheit zu üben, bei seinen hart geprüften Soldaten sehr beliebt. Sie waren von dem charismatischen Korsen fasziniert und zu allen Opfern bereit. Wie Nicolas Chauvin, der Namensgeber des Chauvinismus. Dieser überbegeisterte Soldat wurde zwar siebzehnmal verwundet, seiner unbedingten Treue zum Kaiser tat das jedoch keinen Abbruch.

Napoleon war übrigens gar nicht so klein wie üblicherweise angenommen. Er war 1 Meter 68 groß und lag somit über dem Durchschnitt seines Zeitalters. Andererseits imponierte Napoleon den Massen mit seinen drei Markenzeichen, dem *petit chapeau*, dem *redingote* und seiner *monture*, einem weißen Pferd. Am 03. November 1811 erlebte der junge Heinrich Heine Napoleons Einzug in Düsseldorf: „Der Kaiser trug seine scheinlose grüne Uniform und das kleine welthistorische Hütchen. Er ritt ein weißes Rößlein... und das Volk rief tausendstimmig: Es lebe der Kaiser!" Ob auf dem Schlachtfeld oder in einer

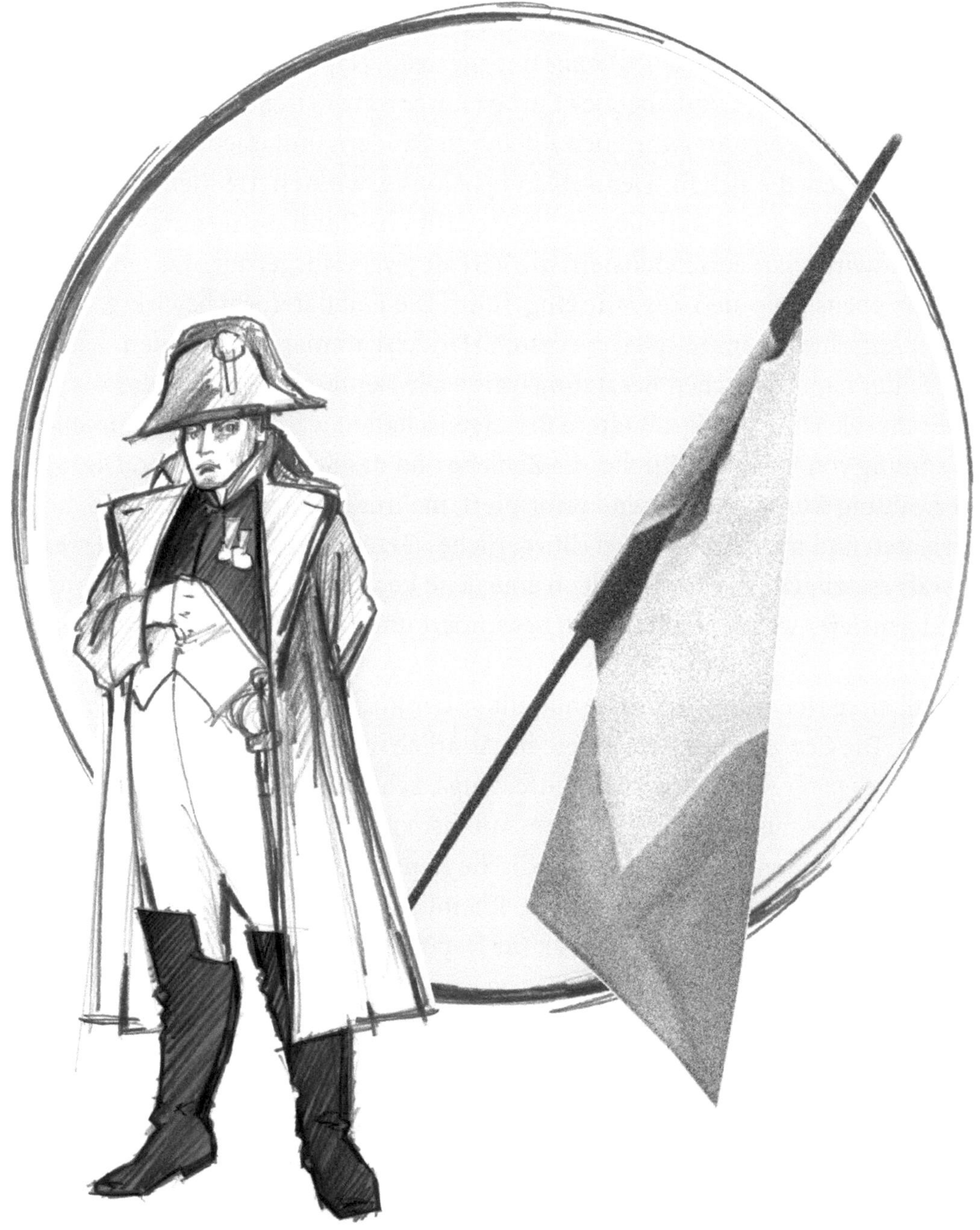

Parade, immer stand er im Mittelpunkt.

Auch die blau-weiß-rote *cocarde*, die an seinem quer (und nicht längs,
wie es bei Kommandeuren üblich war) aufgesetzten Zweispitz befestigte
Bandschleife zeigte, dass er ein Kind der Französischen Revolution war und
deren Ideale *Liberté-Egalité-Fraternité* mit sich trug. Napoleons großes Ziel
war ein einheitliches und liberales Europa unter französischer Herrschaft.
Ihm gelang es, den unterworfenen Rheinbundländern umfassende Reformen
aufzuzwingen, die sich für Deutschland positiv auswirkten. 112 Kleinterritorien
wurden aufgelöst, Adelsprivilegien abgeschafft, der Zunftzwang aufgehoben,
die Landwirtschaft entfeudalisiert, die Verkehrswege ausgebaut, das metrische
System ebenso wie die Telegrafie eingeführt. Die Finanzreform bewirkte
einen Aufschwung im Handel, die ersten Handelskammern entstanden.
Unter der napoleonischen Besatzung waren alle Konfessionen, auch die
jüdische, gleichberechtigt. Weitere Errungenschaften waren die vollkommene
Trennung von Staat und Kirche, die Zivilehe und das Scheidungsrecht. Die
Verwaltung wurde grundlegend reformiert, mehrere *Départements* wurden
errichtet, und mit dem *Code civil* (Bürgerliches Gesetzbuch) und dem *Code pénal*
(Strafgesetzbuch) erschuf Napoleon eine neue Rechtsordnung. Als Befreier und
Modernisierer wurde er anfänglich bewundert und bejubelt. *Chapeau!*

Für all diese Neuerungen musste allerdings der Rheinbund einen hohen Preis
zahlen. Die Gewaltherrschaft endete bekanntlich in einem *Desaster*. Zu Beginn
der *Campagne de Russie*, des Russlandfeldzugs, zählte die *Grande Armée* über
600.000 Mann aus zwanzig Nationen. Mit fast 130.000 Soldaten bildeten die
Rheinbundstaaten das größte ausländische Kontingent. Nur ein Bruchteil
von ihnen kehrte aus Russland zurück. Rheinländer, Bayern, Schwaben,
Württemberger darbten und starben für Napoleon. Schätzungsweise verloren
an die drei Millionen Menschen in Europa in der napoleonischen Zeit ihr
Leben. Napoleon: Ein Reformer, der auch der größte Menschenschlächter des
19. Jahrhunderts war.

Auch in Wesel hinterließ Napoleon blutige Spuren. Auf seinen Befehl wurden
am 16. September 1809 vor den Toren der Stadt, auf der heutigen Schillwiese,
elf Offiziere aus dem *Korps* des aufständischen Majors Ferdinand von Schill

erschossen. Der jüngste, Karl von Keffenbrink, war keine 18 Jahre alt. Die völlig
absurde Anklage des in der Zitadelle tagenden französischen Militärgerichts
lautete „Straßenräuberei". Berufung und Begnadigung waren von vornherein
ausgeschlossen. Mit Aufständischen kannte der Kaiser kein *Pardon*.
2006 schuf der Künstler Jonathan Meese eine ekelerregende Bronzeskulptur des
Schreckensherrschers. Sein Werk, das den Metall-Monstern aus den Science-
Fiction-Filmen mit Arnold Schwarzenegger ähnelt, nannte er „Der Terminator:
Napoleon".

Etymologische Erläuterungen und weiterführende Hinweise

Chapeau: Eine Entlehnung aus lat. cappellus, einer Verkleinerung von lat.
cappa (Haube, Kapuze). Soldatenhelme im mittelalterlichen Frankreich wurden
chapeaux de fer (Hüte aus Eisen) genannt. Interessanterweise bezeichnete das
Wort *chapeau* im XVI. Jahrhundert *une couronne de fleurs*, also einen Rosenkranz,
une couronne de roses (nach dem Rosenkranz der Heiligen Jungfrau). Daher
bezeichnet das französische Wort *chapelet* einen Rosenkranz (zum Beten).

Einige Ausdrücke: *Chapeau bas!* Hut ab! *Je vous tire mon chapeau!* Ich ziehe vor
Ihnen den Hut! *Porter le chapeau*: Für etwas geradestehen (müssen). *Travailler du
chapeau*: Nicht ganz bei Trost sein.

General und Marschall: „General" ist entlehnt aus frz. *Général*. „Marschall"
(frz. *Maréchal*) ist ein Wort deutschen Ursprungs, eine Zusammensetzung
aus Althochdeutsch „marah" (Pferd) und Mittelhochdeutsch „schalc" (Pferd).
Im Mittelalter war der Marschall ein Pferdeknecht, ein Stallmeister. Die
Aufwertung kam später. Der eitle und tollkühne Marschall Joachim Murat war
Kommandeur der Kavallerie, Marschall von Frankreich und König von Neapel.
Er ließ sich schminken, trug einen juwelenbesetzten Federhut und rote Stiefeln,
immer wieder Phantasieuniformen, und ritt oft im Alleingang furiose Attacken
auf seinem tigerfellbedeckten Araberhengst.

Extravagant: Von frz. *extravagant* (ausschweifend).

Redingote: Aus dem Englischen „riding-coat".

Kokarde: Von frz. *cocarde* und altfrz. *coquard* (eitel) und frz. *coq* (Hahn).

Monture: Reitpferd.

Départements: Heute ist Frankreich in 101 *Départements* unterteilt. Fünf
davon sind Überseedepartements, sog. DOM-TOM, *Départements et Territoires
d´Outre-Mer* (Guadeloupe, Martinique, Französisch-Guayana, Réunion und
Mayotte). Während der Franzosenzeit (1794-1815) in Deutschland waren
mehrere *Départements* untergliedert in *arrondissements*, diese in *cantons* und
diese wiederum in *mairies* (Bürgermeistereien). Der Bürgermeister war *le maire*.
Aachen war die Präfektur des *Département de la Roer*. Das *arrondissement*
(dt. abrunden) Krefeld war in elf *cantons* aufgeteilt. Siehe auch dazu
www.wir-rheinlaender.lvr.de.

Korps: Von frz. *corps* (Körper, Körperschaft).

Desaster: Von gleichbedeutend frz. *désastre* und frz. *astre* (Gestirn). Zugrunde
liegt die Vorstellung, dass bestimmte Gestirnkonstellationen für das Schicksal
der Menschen verantwortlich sind.

Pardon: Von frz. *pardon* (Verzeihung) und ursprünglich frz. *don* (Gabe). Der
Pardon („Bitte um Vergebung") ist in der Bretagne ein gebräuchlicher Begriff
für eine Prozession. Der meistbesuchte Wallfahrtsort ist Sainte-Anne d´Auray,
wo sich jedes Jahr mehrere Tausend Pilger einfinden.

Lesenswert: 1812 - Napoleons Feldzug in Russland, von Adam Zamoyski, C.H.
Beck Verlag, München 2012 und Reise im Jahre 1813 und 1814 durch das Land
zwischen Maas und Rhein, von le Baron de Ladoucette, Präfekt des
Départements Rur in Aachen, Antiquariat am St. Vith, Mönchengladbach,
www.antiquariat-am-st-vith.de.

Sehenswert: Das Preußen-Museum (www.preussenmuseum.de) in Wesel und
das Musée de l´Armée (www.musee-armee.fr) in Paris.

Chardonnay und Sauvignon

Von Weinbergen umgeben liegt das Dorf Chardonnay im *Département* Saône-et-Loire im Süden von Burgund. Im Dorf heißt ein *hôtel-restaurant Le Chardon*, also „die Distel". Dies ist kein Zufall, denn die Bezeichnung für die bekannte weiße Rebe Chardonnay stammt vom Lateinischen „Cardonnacum". Es beschreibt eine Gegend mit zahlreichen Disteln.

Bereits im Mittelalter hatten Benediktiner des Klosters Cluny und Zisterzienser der Abtei Clos de Vougeot Chardonnay angebaut. Ihre Rebanlagen teilten sie in verschiedene Lagen, in *crus* (Weinbaugebiete). Die von Mauern umschlossenen Weinberge werden *clos* (Umfriedung) genannt.

Der Chardonnay entstand durch eine Zufallskreuzung aus Pinot Blanc und Gouais Blanc. Typisch ist sein Apfelaroma. Ein einfacher Chardonnay ist keine *piquette* (schlechter Wein, der *pique*, also sticht, kratzt), die Spitzenweine haben allerdings ihren Preis. Für einen *grand cru*, also für einen hochklassigen Wein, wird in Burgund ausnahmslos die Edelrebe Chardonnay verwendet. Und so kostet eine Flasche feinfruchtiger Corton Charlemagne Grand Cru Jahrgang 2013 an die 85 Euro. Ein erstklassiger *premier cru* aus Puligny-Montrachet ist mit 54 Euro erschwinglicher, und einen eleganten, bukettreichen Chablis kann man sich für 15 Euro leisten. „Selig (weinselig) kann jeder nach seiner *Fasson* werden" – und vor allem nach der Größe des eigenen Geldbeutels.

Die Chardonnay-Rebe ist anpassungsfähig, lässt verschiedene Böden und Klimata zu. Deshalb ist sie nicht nur in den klassischen Weinregionen Burgund und Champagne verbreitet, sondern weltweit. Sauvignon ebenfalls. Die ursprüngliche Heimat dieser Rebsorte befindet sich an der Oberen Loire. Dort bieten die kieshaltigen Kalksteinhänge des Hügels, der von dem Städtchen Sancerre gekrönt wird, dem Sauvignon Blanc günstige Bedingungen.

Das Wort leitet sich von dem Lateinischen „silva" (Wald) ab und ist eine Zusammensetzung aus *sauvage* (wild) und *vignon* für *vigne* (Weinrebe). Kurios ist das „Aroma". Es ähnelt dem Urin von Katzen und wird aus diesem Grund *pipi de chat*, Katzenpisse, genannt. Das bedeutet natürlich nicht, dass der Sauvignon Blanc Weinfreunden nicht mundet. Die Qualität der körperreichen Weißweine Sancerre, Pouilly Fumé und Reuilly ist unbestritten.

Der Cabernet Sauvignon ist fürwahr eine Edelrebe. Im Bordelais beheimatet, hat die rote Rebsorte eine tiefdunkle Farbe, *une robe* (ein Kleid), wie die *charmanten* Franzosen sagen. Charakteristisch ist der Traubengeruch von *cassis* (schwarze Johannisbeeren) und Zedernholz. Solche würzigen Weine besitzen nicht selten Grand-Cru-Status. An der Côte-d´Or im Herzen Burgunds ist der Cabernet Sauvignon die einzig zugelassene Rebsorte zur Erzeugung von Qualitätsweinen. Diese sind manchmal purer Luxus. Im Südwesten Frankreichs, nördlich von Bordeaux, verfügt das Château-Margaux über eines der besten *terroirs* des Médoc und produziert einen der teuersten Rotweine der Welt. Der Anteil des Cabernet Sauvignon liegt bei 75%, 20% entfallen auf Merlot, den Rest teilen sich Cabernet Franc und Petit Verdot. Normalflaschen der Jahrgänge 1986 und 1990 haben einen Marktwert von ca. 500 Euro und sind somit eher nicht für Normalsterbliche gedacht. Der 1900er Château-Margaux wird, als nachweislich gut gelagerte Flasche, sogar für ca. 8.000 bis 10.000 Euro gehandelt.

Auch im Bordelais, in Pauillac, liegt das Weingut Château-Lafite. In diesem Anbaugebiet gedeiht die Rebsorte Cabernet Sauvignon vorzüglich. Besonders edle Tropfen sind mit teuren Gemälden vergleichbar. 1985 wurde bei einer Auktion von Christie's in London von dem amerikanischen Verleger Christopher Forbes die Rekordsumme von heute 210.000 Euro für eine einzige Flasche Château-Lafite-Rothschild, Jahrgang 1787, bezahlt.

„Für Sorgen sorgt das liebe Leben und Sorgenbrecher sind die Reben." Dieses aufmunternde Gedicht von Goethe kostet immerhin nichts. Die einzige Sorge von Forbes wäre ein anderer versessener Mitbieter gewesen.

Etymologische Erläuterungen und weiterführende Hinweise

Cru: Der aus dem Weinanbau stammende Begriff bedeutet wörtlich „Gewächs", wird jedoch im Sinne von „Weingebiet" verwendet, und ist in Frankreich eine Prädikatsbezeichnung. Im Bordelais wurde eine Klassifizierung je nach Güte der Lage 1855 auf Befehl von Napoleon III. eingeführt. Die *grands crus* sind die besten, berühmtesten Weine. Unmittelbar danach kommen die *premiers crus*, erstklassige Weine, während die *crus du terroir* Weine sind, die aus der Region kommen.

Pinot: Bezeichnung für verschiedene Rebsorten (Pinot blanc, Pinot gris, Pinot noir). Der Pinot noir, auch Blauburgunder/Spätburgunder genannt, ist eine hochwertige Rebsorte für Rotwein. Die Herkunft des Wortes geht auf *pin* (Kiefer, Pinie) und *pomme de pin* (Pinienzapfen) aufgrund der Form der Traube zurück.

Gouais blanc: Heunisch. Die weiße Rebsorte ist aufgrund der mäßigen Qualität der erzeugten Weine aus den Weinbergen Frankreichs völlig verschwunden.

Piquette: Von *piquer* (stechen). Umgangssprachliche Bezeichnung für einen sehr mittelmäßigen bzw. schlechten Wein.

Bukett: Ein *bouquet* ist ein Blumenstrauß. Der Weinbegriff Bukett ist entlehnt aus frz. *bouquet* und altfrz. *boscet* und frz. *bosquet* (Baum-, Gehölzgruppe). Ursprünglich ist also ein *bouquet* eine kleine Ansammlung von Bäumen und Sträuchern. Es folgte eine Verallgemeinerung auf eine Zusammenstellung von Blumen. Ein bukettreicher Wein ist eine Zusammenstellung verschiedener Aromen. Die Redewendung *C´est le bouquet!* bedeutet „Das ist der Gipfel!".

Fasson: Bekannter Spruch (ohne Weinseligkeit) von Friedrich II. Von frz. *façon* (Art und Weise).

Pipi de chat: Im übertragenen Sinne bezeichnet der Ausdruck
C´est du pipi de chat etwas Unbedeutendes.

Pouilly Fumé: *Fumé* wird normalerweise mit „geräuchert" übersetzt.
Bezüglich dieses Qualitätsweins ist das Nachreifen im Eichenfass gemeint.

Charmant: Von frz. *charmant* und lat. carmen (Gesang, Zauberspruch).

Terroir: Von frz. *terre* (Erde, Boden) und lat. terra.

Cabernet: Möglicherweise eine Verballhornung von „carmenet", einer weißen
Rebsorte aus dem spanischen Baskenland.

Merlot: Die Bezeichnung für die dunkelrote Rebsorte kommt vom
französischen Wort *merle* (Amsel) und soll auf die Vorliebe dieser Vögel für
diese Traube zurückgehen. Im rheinländischen Niederdeutschen (Platt, von
frz. *plat* = flach) heißt die Amsel auch Merling, durchaus verwandt mit dem
französischen *merle*.

Petit Verdot: Im Deutschen „kleiner Grünling". Eine tanninreiche, sehr
spätreifende rote Rebsorte.

Cluny: Die Benediktinerabtei von Cluny in Burgund war eines der
einflussreichsten religiösen Zentren des Mittelalters. Ihre imposante Kirche
war zeitweise das größte Gotteshaus des Christentums.
Vgl. www.cluny.monuments-nationaux.fr und www.cluny-tourisme.com.

Médoc: Dreiecksförmige Halbinsel im Südwesten Frankreichs, die zwischen
der Atlantikküste an der Biscaya, dem Fluss Gironde (ein Mündungsarm der
Garonne) und dem Meeresbecken von Arcachon liegt.

Château: Normalerweise ein Schloss. Im Bordelais eine Bezeichnung für
Weingut. Manches *château viticole* ist allerdings ein luxuriöses Anwesen.

Chauffeur

Das aus dem Französischen direkt entlehnte Wort bezeichnete ursprünglich ein ganz anderes Berufsbild und hatte eine völlig andere Bedeutung.

Ab 1831 wurden in Frankreich die ersten Dampflokomotiven gebaut. Der *chauffeur*, der Heizer, war dem Lokführer unterstellt und verrichtete Schwerstarbeit. In einem großen Tender befand sich die Kohle, die vom Heizer immer wieder nachgeschaufelt werden musste, damit das Feuer in der Feuerbüchse nicht erlosch und der Druck im Kessel erhalten blieb.

1890 vollendete Emile Zola seinen düsteren Roman *La Bête Humaine* (Die Bestie im Menschen). Der psychisch kranke Mechaniker und Lokführer Jacques Lantier und der Heizer Pecqueux sind auf eine reibungslose Zusammenarbeit angewiesen, aber am Ende des Romans, als Lantier eine Affäre mit Philomène, der Freundin des eifersüchtigen Heizers, beginnt, kommt es auf der Lison, der Dampflokomotive, zu einem verhängnisvollen Kampf. Am Ende fallen beide Männer aus der Lison. Der Zug, voller patriotisch begeisterter, ebenso siegessicherer wie ahnungsloser Soldaten, rast führerlos in der Nacht Richtung Nordfrankreich - den Schlachtfeldern des Deutsch-Französischen Kriegs entgegen.

Der *chauffeur*, das war auch das Tier im Menschen. In den Wirren der Französischen Revolution, kamen die Bestien meist des Nachts. Gut organisierte Banden brutaler Krimineller, maskiert oder das Gesicht schwarz angeschmiert, drangen in abgelegene Bauernhöfe und bürgerliche Häuser ein. Damals versteckte man seine mageren Ersparnisse im Haus selbst. Um ein Geständnis zu erzwingen, folterten die Räuber ihre Opfer, indem sie deren Füße an der Kaminglut verbrannten. Deswegen wurden diese Banditen „Heizer" genannt. Um alle Spuren zu beseitigen, wurden die Opfer fast immer ermordet und ihre Höfe oder Häuser in Brand gesteckt. Zwischen 1792 und

1798 terrorisierten die Heizer ganze Landstriche. In Nordfrankreich und in
Belgien war ein gewisser „Capitaine Moneuse" der Räuberhauptmann der
chauffeurs du Nord. Seine *Bande* zählte bis zu 300 Männer. Am 18. Juni 1798 wurde
er in Douai guillotiniert. In der Beauce, der Kornkammer Frankreichs, trieben
die *chauffeurs d'Orgères* ihr Unwesen und führten rücksichtslose Beutezüge.
Die Bandenführer Jean Renard („Fuchs" - mit dem vielsagenden Spitznamen
Poulailler (Hühnerstall)) und Beau-François wurden von einem Heizer
denunziert und verhaftet. Am 04. Oktober 1800 wurden 23 dieser Heizer, die
das rote Hemd der Vatermörder tragen mussten, in Chartres guillotiniert. Ihre
masques mortuaires, ihre Totenmasken, sind heute im *Musée des Beaux -Arts* in
Chartres zu sehen. Glück hatte allerdings Beau-François. Er konnte aus dem
Gefängnis fliehen und wurde nie wieder gesehen.

Anfang des 20. Jahrhunderts tauchten die Heizer wieder auf, diesmal im
südfranzösischen *Département* Drôme. Tagsüber verhielten sich die *chauffeurs
de la Drôme*, Berruyer, David und Liottard, völlig unauffällig und gingen ihrem
Beruf als Maurer oder Schuhmacher nach. Nachts raubten, folterten und
töteten sie. Als dieses Trio infernal am 22. September 1909 vor dem Gefängnis
in Valence hingerichtet wurde, atmeten nicht nur die 2.000 Schaulustigen auf,
sondern ganz Frankreich.

Etymologische Erläuterungen und weitere Hinweise

Bande: Ist seit dem 15. Jahrhundert eine direkte Entlehnung aus frz. *bande*
(Truppe, Schar).

Chartres: Die charmante Stadt (ca. 40.000 Einwohner) liegt in einer
großen Ebene 90 km südwestlich von Paris. Die Totenmasken von den
guillotinierten *chauffeurs* muss man nicht unbedingt sehen. Hingegen ist die
Besichtigung einer der schönsten gotischen Kathedralen des Abendlandes
ein unvergessliches Erlebnis. Notre-Dame de Chartres hatte Glück, denn sie
entging zunächst den Kirchenschändungen der hugenottischen Bilderstürmer,
dann den Zerstörungen der Revolutionäre. Skulpturen und die weltberühmten
Glasfenster des 12. und 13. Jahrhunderts mit ihrem wunderschönen Kobaltblau

blieben unversehrt: <u>www.chartres.fr</u> und <u>www.chartres-tourisme.com</u>.

Valence und die Drôme: Valence (ca. 64.000 Einwohner) liegt am linken Ufer der Rhone. Das Industriezentrum ist das nördliche Tor zur Provence und die Präfektur der Drôme. Das *Département* liegt abseits der touristischen Pfade und ist ziemlich unbekannt, auch in Frankreich. Sehr interessant sind aber die sogenannten *villages perchés* der Drôme. Es sind befestigte Dörfer auf einer felsigen Anhöhe. Diese alten Dörfer werden oft liebevoll restauriert.

Guillotine: Der Namensgeber, Joseph-Ignace Guillotin, war Arzt und Politiker. 1789 wurde in der Nationalversammlung sein Antrag, Delinquenten auf eine humane Art, also schnell und schmerzlos, hinzurichten, angenommen. Die Tötungsmaschine selbst ist das Werk eines deutschen Klavierbauers, Tobias Schmidt. Die erste öffentliche Hinrichtung eines Diebes, Nicolas-Jacques Pelletier, fand 1792 in Paris statt. Die letzte öffentliche Hinrichtung am 17. Juni 1939, vor dem Gefängnis in Versailles, geriet zu einer Massenhysterie und einem handfesten Skandal. Der Verurteilte war Eugen Weidmann, ein Deutscher aus Frankfurt, der sechs Morde in Frankreich begangen hatte. Am Vorabend der Hinrichtung waren an die 10.000 Schaulustige nach Versailles gekommen, um „das Spektakel" zu feiern. Die Gaststätten hatten die ganze Nacht über geöffnet. Nur eine Woche später erließ Premierminister Daladier eine Verordnung wonach öffentliche Hinrichtungen verboten wurden. Während der Franzosenzeit in Deutschland (1794-1814) stand die Guillotine in Aachen, Köln und Mainz. 1803 fand die letzte öffentliche Hinrichtung in Köln, auf dem Alter Markt, statt. Der Räuberhauptmann Matthias Weber, „der Fetzer", aus Dirkes bei Neuss, wurde enthauptet. Ein anderer berühmter Räuberhauptmann, Johannes Bückler, mit dem Spitznamen Schinderhannes, wurde ebenfalls 1809 mit 19 Komplizen in Mainz guillotiniert. In Frankreich fand die letzte Hinrichtung 1977 in Marseille statt. Ein tunesischer Zuhälter und Mörder, Hamida Djandoubi, war der Verurteilte. 1981 wurde die Todesstrafe in Frankreich durch François Mitterrand abgeschafft.

Chaussee

Bekanntlich waren die alten Römer die unangefochtenen Meister des Straßenbaus. Ursprünglich hieß die *Chaussee* (frz. *chaussée*) „via calciata", eine Straße mit gepflasterten Kalksteinen. Aus dem lateinischen „calx" entstand das französische *chaux* (Kalk). Die „via calciata" war notwendig, um Sumpfgebiete zu überqueren. Der stabile Unterbau ermöglichte einen schnelleren Transport von Waren, später in Preußen etwa durch die Postkutsche, und diente militärischen Zwecken. Die Mobilität der Truppen wurde wesentlich größer, deshalb wurde die Chaussee in Frankreich auch Heerstraße genannt. Solche Heerstraßen bauten die Römer von z. B. Amiens nach Köln (*Cologne*)und von Reims nach Trier (*Trèves*).

Eine Besonderheit in Deutschland stellt der Napoleonsweg dar. Die *Route impériale de première classe de Paris à Hambourg* verlief über Reims, Lüttich (*Liège*), Wesel, Münster und Bremen (*Brême*), war vierzehn bis zwanzig Meter breit und in der Mitte für die schwere *Artillerie* gepflastert. An den Seiten waren Sandstreifen für die Marschkolonnen sowie Entwässerungsgräben. Der nervöse Korse hatte es immer eilig, und Schnelligkeit war Trumpf.

Im 19. Jahrhundert wuchs die Anzahl der Chausseen in Deutschland. Entlang der Chausseen wurden im Abstand von etwa einer bis eineinhalb Wegstunden, einer damaligen Meile, Chausseehäuser für die Chausseegeldeinnehmer errichtet, ein frühes Konzept der Straßenmaut. Ein sehr aktuelles Thema in der heutigen Zeit der leeren Kassen! Der Chausseewärter war zuständig für einen Straßenabschnitt und somit ein Vorläufer der staatlich organisierten Straßenmeisterei.

Das Wort „Chaussee" ist zwar veraltet, jedoch nicht ausgestorben. Der Verleger und Schriftsteller Joachim Heinrich von Campe unternahm buchstäblich alles, um die deutsche Sprache von lästigen Fremdwörtern zu reinigen. Schon vor Konrad Duden aus Wesel gab der eifrige Linguist 1807-1812, also in der napoleonischen Zeit, ein großes Wörterbuch der deutschen Sprache in fünf Bänden heraus. Aus dem *trottoir* machte der Purist den „Bürgersteig", aus dem französischen *rez-de-chaussée* wurde „Erdgeschoss" und die „Chaussee" mutierte zur „Kunststraße".

Ein legitimes Anliegen, dennoch nur ein Teilerfolg, denn Campe konnte sich weder in Berlin noch in Hamburg durchsetzen. Sowohl die Chausseestraße als auch die Elbchaussee begrüßen uns noch heute in der Sprache von Molière.

Etymologische Erläuterungen und weitere Hinweise

Artillerie: Entlehnt aus frz. *artillerie*, einer Ableitung von altfrz. *artill(i)er* (mit Kriegsgerät ausrüsten).

Rez-de-chaussée: Erdgeschoss, Parterre. Von frz. *par terre* (auf der Erde).

Die Städte Amiens (www.amiens.fr) in der Picardie und Reims (www.reims-tourismus.de) in der Champagne sind eine Reise wert. Beide sind kulturelle und wirtschaftliche Zentren sowie lebendige Universitätsstädte mit jeweils über 20.000 Studenten. Die Kathedrale Notre-Dame von Reims, der Partnerstadt von Aachen, zählt zu den architektonisch bedeutendsten gotischen Bauten des Abendlandes. Vom 12. bis zum 19. Jahrhundert wurden die französischen Könige in Reims gekrönt. Die Kathedrale von Amiens ist fast doppelt so groß wie Notre-Dame de Paris. Amiénois heißen die Einwohner von Amiens; die von Reims Rémois. Sprachlich zu bewältigen. Die deutsche Sprache ist in dieser Beziehung völlig unproblematisch und logisch. Man braucht nur das Suffix –er an die jeweilige Stadt anzuhängen (Trier = Trierer, Köln = Kölner etc.). Aber woher soll man wissen, dass die Einwohner von Charleville in Nordfrankreich Carolopolitains, die von Châteauroux in Zentralfrankreich Castelroussins, und die Einwohner von Auch in Südfrankreich Auscitains, um einige Beispiele zu nennen, heißen?

Liège (www.belgien-tourismus.de) ist nicht nur eine Industriestadt, sondern

auch das kulturelle Zentrum der französischsprachigen Wallonischen Region.
Der sonntägliche *Marché de la Batte* an der Maas ist ein Erlebnis, vor allem
in kulinarischer Hinsicht. Für Kunstinteressierte ist das 2009 eingeweihte
Museum *Grand Curtius* (www.grandcurtiusliege.be) ein Muss. Der berühmteste
Sohn der Stadt Lüttich ist Georges Simenon (1903 - 1989), der Vater von
Kommissar Maigret.

Clementine

Im Oktober sind sie endlich da. Schmackhaft, leicht zu schälen, kernlos und vitaminreich sind die süßen Clementinen. Was will man mehr? Vielleicht über den Namensgeber mehr erfahren. Es war ein Franzose.

1839 in einem kleinen Dorf der rauen Auvergne geboren, wird Vital Rodier streng religiös erzogen. Er wird Mönch und heißt später Bruder Clément.

Damals war Algerien eine französische Kolonie. Für fleißige Auswanderer aus Frankreich, die Vorfahren der *Pieds-Noirs* („Schwarzfüße"), eine gute Möglichkeit, im sonnigen Süden Arbeit zu finden. Und Bruder Clément, dessen Gesundheit fragil ist, entscheidet sich, hinzugehen.

In der fruchtbaren Mitidja-Ebene, zwanzig Kilometer von Oran entfernt, liegt die kleine Stadt Misserghin. Im dortigen Waisenhaus übernimmt Bruder Clément die Leitung des Gartenbaubetriebs. Der Mönch ist experimentierfreudig, eines Tages gelingt ihm die Kreuzung zwischen *Mandarine* und *Orange*. Die neue Zitrusfrucht nennt er *mandarinette*. Für seine Erfindung bekommt Bruder Clément die Goldmedaille der algerischen Agrargesellschaft.

1904 stirbt Bruder Clément. Zwanzig Jahre nach seinem Tod wird von der algerischen Agrargesellschaft die köstliche Zitrusfrucht zu seiner Ehre Clementine genannt.

Etymologische Erläuterungen und weitere Hinweise

Orange und Mandarine: Beide Wörter stammen gleichbedeutend aus dem Französischen und ursprünglich aus dem Spanischen naranja (mandarina) und

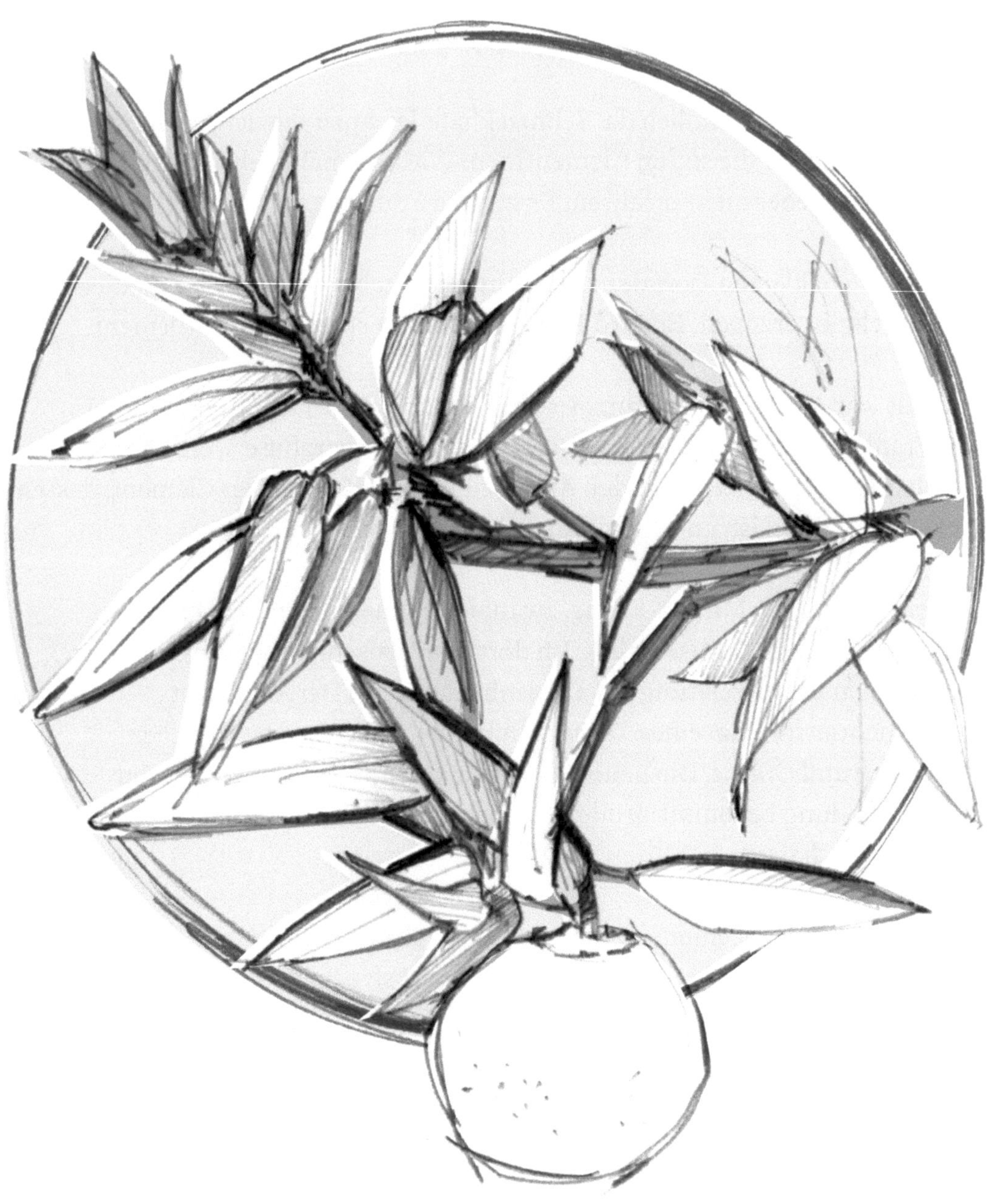

Arabischen narang. Die Mandarine gilt als eine auserlesene Apfelsinensorte.
Dass ihre gelbe Farbe an die Farbe der Staatstracht des chinesischen Mandarins
erinnert ist eine mögliche Erklärung der Wortherkunft.

Wie entstand die französische Kolonialherrschaft in Algerien?
1830 besetzten französische Truppen Algier, Oran und Bône und begannen mit
der sog. *conquête de l´Algérie*, mit der Eroberung Algeriens. Eine diplomatische
Affäre war Anlass des Krieges. Der algerische Herrscher Hussein Dey hatte
den französischen Konsul mit seinem Fliegenwedel geschlagen, als dieser die
Rückzahlung französischer Schulden aus der Zeit der Napoleonischen Kriege
abgelehnt hatte. Der algerische Freiheitskämpfer Ab del-Kader führte einen
Guerilla-Krieg. Er wurde 1836 von General Bugeaud besiegt und einige Jahre
später im Schloss Amboise an der Loire eingekerkert.

Die Ansiedlung von *colons*, Kolonisten, war erklärtes Ziel der wechselnden
französischen Regierungen. Die Immigration wurde durch Landvergabe
und staatliche Hilfen massiv gefördert. Die Mehrheit der nach Algerien
gekommenen Franzosen stammte aus Südfrankreich. Nach der
Februarrevolution 1848 endete der Kolonialstatus für den nördlichen Teil
Algeriens. Er wurde annektiert und integraler Bestandteil des französischen
Mutterlandes. Die Franzosen errichteten drei *Départements* (Algier, Constantine,
Oran). 1889 lebten an die 220.000 Franzosen in Algerien. Im Laufe der Zeit
übersiedelten bis zu 800.000 Franzosen. Französisch wurde Staatssprache und
an allen Schulen unterrichtet. Die Kolonisten waren im Besitz der fruchtbarsten
Gebiete, Wein wurde angebaut, es gab zahlreiche Obstplantagen, die
Landwirtschaft florierte. Für karge Löhne schufteten die muslimischen Bauern
auf den Feldern. Die Unzufriedenheit in der Bevölkerung wuchs, Unruhen
wurden von der Kolonialmacht brutal niedergeschlagen, wie in Sétif am 8. Mai
1945. Von 1954 bis 1962 tobte *la guerre d´Algérie*, der Algerienkrieg, der sowohl von
den Franzosen als auch von der algerischen Befreiungsfront (FLN) mit harter
Hand geführt wurde. Am 5. Juli 1962 wurde Algerien unabhängig.

Die Auvergne liegt in Zentralfrankreich. Eine beeindruckende Vulkankette,
wunderschöne romanische Kirchen (Orcival, Saint-Nectaire etc.), Seen und
Wasserquellen (Volvic), Natur pur. www.auvergne-tourismus.de.

Dessert

Was wäre die französische Küche ohne ihre berühmten *desserts*? Ob die exotisch anmutende *île flottante*, die *mousse au chocolat* oder die *tarte Tatin*, diese Klassiker munden allen.

Aïoli und *bouillabaisse* sind hinlänglich bekannt, aber auch mit süßen Nachspeisen kann die Provence aufwarten. *Pastis* wird nicht nur als *apéritif* getrunken, sondern auch als Zugabe zu einer *sauce* verwendet. Die Zubereitung eines *gâteau au pastis* ist einfach. Ausgefallener ist die erfrischende kalte *soupe de pêches au pastis*, eine Pfirsichsuppe mit *pastis* und... Essig.

Christliche Traditionen werden in der Provence liebevoll und intensiv gepflegt. Etwas ganz Besonderes und einzigartig in Frankreich sind die provenzalischen „*calenos*", *les treize desserts*, die dreizehn Desserts, die beim *Réveillon*, dem Weihnachtsessen am Heiligabend, nach der Mitternachtsmesse alle gleichzeitig gereicht werden. Warum ausgerechnet dreizehn? Diese Zahl geht auf die *Cène*, das Letzte Abendmahl, zurück. Jesus und die zwölf Apostel teilen Brot und Wein. Und so weisen die dreizehn Desserts eine tiefe religiöse Bedeutung auf.

Getrocknete Feigen und Rosinen, Mandeln und Haselnüsse oder Walnüsse, werden die *quatre mendiants*, die vier Bettler, genannt. Sie beziehen sich auf vier Bettelorden: die Franziskaner, die Dominikaner, die Karmeliten und die Augustiner. Die Farben der vier Bettler erinnern an die Kutten dieser in der Provence tätigen Bettelmönchsorden. Der weiche *nougat blanc*, der weiße Nougat steht für das Gute, der *nougat noir*, der schwarze Nougat, für das Böse. Die Datteln erinnern an Christus, der aus dem Orient kam. Weitere Desserts sind *fruits confits*, kandierte Früchte, die *pâte de coing*, Quittenkonfitüre, sowie die sogenannten *oreillettes*, die „kleinen Ohren", provenzalische Krapfen. Manchmal kommen die zarten *calissons* aus Aix-en-Provence hinzu, oder frisches Obst: Äpfel und Winterbirnen, Orangen, Mandarinen und

Wintermelonen. Das traditionelle dreizehnte Dessert ist die *fougasse*, die provenzalische *„pumpo à l´oli"*, die *pompe de Noël à huile d´olive.* Es handelt sich um einen lockeren Kuchen aus Hefe-Eier-Teig, mit Rohrzucker gesüßt, und mit geriebener Zitronen- und Orangenschale gewürzt. Die *pompe de Noël* wird nicht geschnitten, sondern mit den Händen gebrochen, wie Jesus es beim Letzten Abendmahl tat. *Vins doux naturels,* Süßweine aus der Provence, begleiten die dreizehn Desserts.

Die christliche Zahlensymbolik zieht sich durch das ganze Festessen. Das fleischlose *gros souper,* „lou gros soupà", findet vor der Mitternachtsmesse statt. Es besteht ausschließlich aus Fisch- und Gemüseplatten. Dazu dreizehn kleine Brote. Die sieben Gänge symbolisieren die sieben Schmerzen Mariens. Auf die Festtafel gehören drei weiße Tischdecken und drei weiße Kerzen, Sinnbilder für die *Trinité,* die Dreifaltigkeit.

Das französische Wort *dessert* kommt von *desservir,* „die Speisen abtragen". Der Nachtisch folgt der abgeschlossenen Hauptmahlzeit erst dann, wenn die Speisen abgetragen wurden. Gerade dieser übliche Vorgang wird in der Provence vermieden.

Die Botschaft des Letzten Abendmahls ist die Aufforderung an die Anwesenden zum Teilen und demzufolge zur Nächstenliebe. Nach den dreizehn Desserts, die alle gekostet werden müssen, verlassen die Gäste das Esszimmer. Es wird nicht abgeräumt, weil das christliche Ritual auch eine heidnische Komponente enthält. Glaube und Aberglaube liegen hier eng beieinander. Auf die Festtafel wird ein zusätzliches Gedeck gestellt: *le couvert du pauvre,* das Gedeck des Armen. *Pauvre* bezeichnet im Provenzalischen sowohl ein verstorbenes Familienmitglied mit dem man früher Weihnachten gefeiert hat, als auch einen Bettler, der zufällig vorbei schauen könnte und um Almosen bittet. Deshalb müssen Essensreste, *la part du pauvre,* der Anteil des Armen, auf dem Tisch bleiben.

Am 25. Dezember, dem einzigen Weihnachtsfeiertag in Frankreich, ist es auch in der Provence mit dem merkwürdigen Brauch endgültig vorbei. Die dreizehn Desserts werden zwar zum Mittagessen erneut serviert. Davor allerdings gönnt man sich ein *repas gras*, „eine fette Mahlzeit" mit *foie gras*, Gänseleberpastete, und *dinde aux marrons*, Truthahn mit Maronen. Wie in Restfrankreich beim typischen Weihnachtsschmaus am Heiligabend.

Genüsslich und sehr egoistisch, getreu dem französischen Sprichwort *Charité* (Nächstenliebe) *bien ordonnée commence par soi-même.*
Auf Deutsch und sehr prosaisch: Jeder ist sich selbst der Nächste.

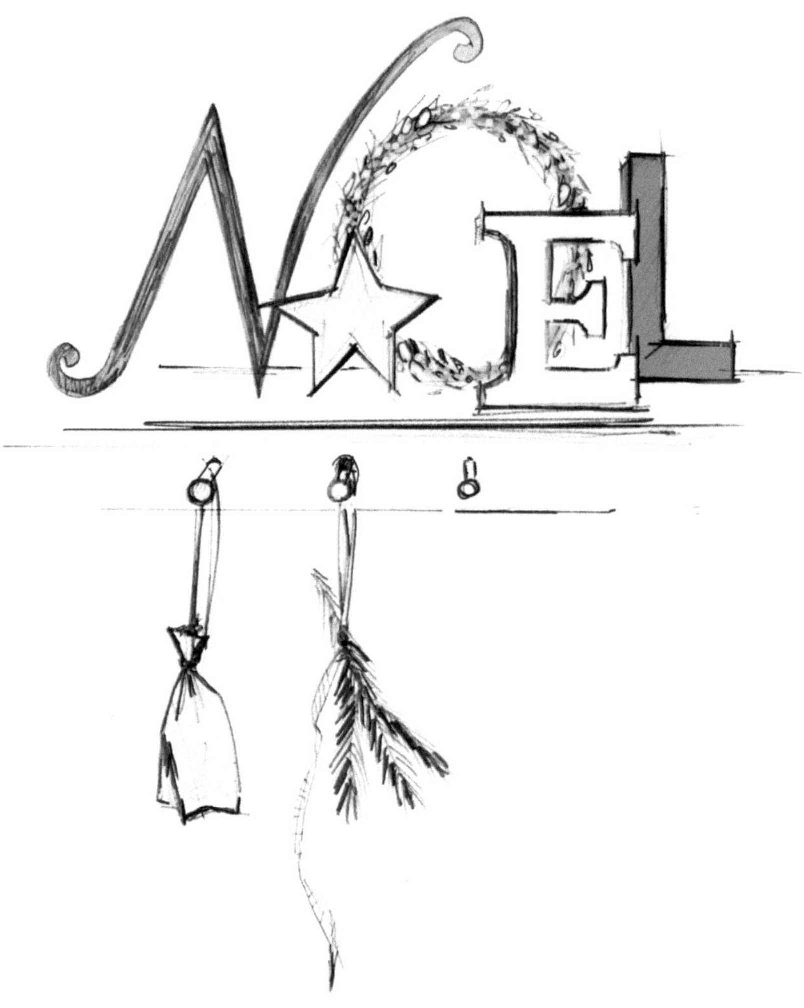

Etymologische Erläuterungen und weiterführende Hinweise

Île Flottante: Wörtlich „schwimmende Insel". Eine andere Bezeichnung lautet *œufs à la neige*, Eischnee mit Vanillecreme.

Tarte Tatin: Ein traditioneller französischer karamellisierter Apfelkuchen, der „kopfüber" gebacken und später gestürzt wird. Ende des 19. Jahrhunderts haben der Legende nach die Schwestern Caroline und Stéphanie Tatin das Rezept erfunden. Ein von den beiden Damen für ihre Gäste zubereiteter Apfelkuchen sei auf die Apfelseite gefallen. Daraufhin hätten die Schwestern ihn einfach auf der Fruchtseite nach unten wieder in die Form gelegt, mit frischem Teig bedeckt und noch einmal gebacken. Eine Legende, denn im Orléanais war das Rezept längst bekannt.

Apéritif: Direkte Entlehnung aus dem Französischen. Ursprünglich ein medizinischer Begriff aus dem lateinischen „aperitivus" (öffnend) in der Bedeutung von „Abführmittel". Erst ab 1750 die Bedeutung *qui ouvre l´appétit*, „was den Appetit öffnet".

Pastis: Ein provenzalisches Wort für „Mischung". Die Spirituose aus Anis wird traditionell mit (Eis-)Wasser (5-6 Teile Wasser auf einen Teil Pastis) getrunken. Zwei Varianten: Ein *pastis* mit einem Schuss Mint-Sirup wird aufgrund der grünen Farbe *perroquet*, Papagei, genannt. Mit einem Schuss Granatapfelsirup, *grenadine*, heißt das Getränk *tomate*.

Sauce: Von frz. *sauce*, lat. salsa, Femininum von salsus (gesalzen).

Die dreizehn Desserts:
Feigen = *Figues*, Rosinen = *Raisins secs*, Mandeln = *Amandes*,
Haselnüsse = *Noisettes*, Walnüsse = *Noix*, Nougat = *Nougat* (der bekannteste kommt aus Montélimar), Datteln = *Dattes*, Quittenkonfitüre = *Pâte de coing*,
Äpfel = *Pommes*, Birnen = *Poires*, Orangen = *Oranges*, Mandarinen = *Mandarines*,
Wintermelonen = *Melons d´hiver*, Krapfen = *Oreillettes*.
Fakultativ sind die *calissons d´Aix-en-Provence*, seit dem 16. Jahrhundert ein Konfekt in Form eines Weberschiffchens, mit Mandeln und kandierten

Melonen und Orangen.
Last but not least, die *pompe de Noël* (*fougasse*).

Réveillon: Es gibt eigentlich zwei *Réveillons* (Heiligabend und Silvester). Zu diesen Festessen gehören neben *foie gras*, Gänseleberpastete und *dinde aux marrons*, Truthahn mit Maronen auch Champagner und *huîtres*, Austern bzw. Langusten oder *homard*, Hummer. Vor 600 Jahren bezeichnete der Begriff *réveillon* lediglich eine kleine nächtliche Mahlzeit in Gesellschaft. Vermutlich stammt das Wort aus dem Imperativ *réveillons* für *réveillons-nous* (Lasst uns wach werden).

Mitternachtsmesse: Die eindrucksvollste *messe de minuit* in Frankreich findet im malerischen Dorf Les Baux-de-Provence statt. Am Nachmittag gibt es in den historischen Gassen des mittelalterlichen Dorfes einen Umzug der Schäfer. Eine *crèche vivante*, eine „lebendige Krippe" mit Dorfbewohnern, ist in der Kirche Saint-Vincent zu sehen. Nähere Informationen unter www.chateau-baux-provence.com. Es kommt in der Provence vor, dass ein Schaf an der Mitternachtsmesse teilnimmt. Apropos Krippen in der Provence: Ein kleines Dorf und das Dorfleben zur Zeit der Geburt Christi werden liebevoll rekonstruiert. Die kleinen provenzalischen Krippenfiguren heißen *santons*, aus dem Provenzalischen *santoun*, „Kleiner Heiliger". Sie sind aus Ton und bunt bemalt. Alle Berufsgruppen werden dargestellt: Bäcker, Fischer, Müller, Schäfer, Briefträger, aber auch Ärzte, Richter usw. Und natürlich auch Tiere (Esel, Hund, Schaf etc.). Bekleidete *santons* sind teurer. Informationen über französische Feste und Traditionen unter www.france.fr/de/ und www.frankreich-info.de.

Eau de Cologne

Zu den touristischen Attraktionen der frankophilen Metropole am Rhein gehört auch das Duftmuseum im Farina-Haus. Dort, in der Kölner Altstadt, entstand in der ältesten Parfüm-Manufaktur der Welt das *Eau de Cologne*. Auf Kölsch: „Ottekolong". Wie fing alles an?

In Santa Maria Maggiore erblickte 1685 Giovanni Maria Farina das Licht der Welt. Das Dörfchen liegt im Vigezzotal nahe an den Schweizer Alpen. Eine bezaubernde Landschaft, doch auf unfruchtbarem Boden. Für viele italienische Auswandererfamilien lag das Glück im Norden, im kalten Deutschland. Um seinen Lebensunterhalt zu bestreiten, begab sich der fünfzehnjährige Farina nach Köln, wo sein Onkel einen Speditionshandel betrieb. Die Lage am Rhein war dafür günstig. Der ältere Farina verkaufte sogenannten „Französisch Kram". Es waren zunftfreie Luxusartikel wie edle Spitzen, Seidenstrümpfe, parfümierte Handschuhe, elegante Perücken, Gürtel, Toilettenwasser und vieles mehr. Zu dieser Zeit war Französisch die Handelssprache.

Giovanni Farina trat in das Geschäft seines Bruders Battista ein und kreierte eine außergewöhnliche Rezeptur für ein neues Duftwasser. 1708 beschrieb er in einem Brief an seinen Bruder die Essenzen seiner Duftkomposition. „Mein Duft ist wie ein italienischer Frühlingsmorgen nach dem Regen, Orangen, Pampelmusen, Citronen, Bergamotte, Cedrat, Limette und die Blüten und Kräuter meiner Heimat. Er erfrischt meine Sinne und stärkt meine Vorstellungskraft."

Um einen Laden in ihrer neuen Wahlheimat betreiben zu dürfen, mussten die Farinas sich zum katholischen Glauben bekennen, für Italiener völlig unproblematisch, und das Bürgerrecht der Reichsstadt erwerben. Dieses war mit dem Beitritt zu einer Kaufleute-Zunft verbunden. Die geschäftstüchtige Familie konnte die Hindernisse auf dem Weg zur Einbürgerung beseitigen und ihren Handel frei entfalten. Der Erfolg blieb nicht aus, als alleiniger Geschäftsführer knüpfte Johann Maria Farina Handelsbeziehungen zu einer erlesenen Klientel in ganz Europa. 1765 verkaufte er bereits 4.000 Flaschen *Eau de Cologne* im Jahr. Eine beachtliche Zahl für die Zeit. Eine feine Nase hatte der *Destillateur* auch für die Werbung. Er pries sein Produkt als wirkungsvolles Heilmittel an.

1766 starb Farina in Köln. Er hinterließ seinen Erben ein florierendes Unternehmen. Auf dem Melaten-Friedhof in Köln sind prominente Grabstätten zu besichtigen, z. B. die von Franz Ferdinand Wallraf und von Johann Heinrich Richartz. Farinas Grab ist das älteste auf dem Friedhof. Am dritten Oktober 1794, als bereits französische Truppen vor Köln standen, ordnete der Rat die Nummerierung der Häuserblocks an. Das Traditionshaus in der Glockengasse erhielt die durchlaufende Nummer 4711. Während der Franzosenzeit im Rheinland war das neue Duftwasser *Eau de Cologne* bei französischen Offizieren sehr beliebt. Ein Enkel von Farina ließ sich 1806 in Paris nieder und eroberte den französischen Markt. Zu den Kunden des Parfümeurs zählte Napoleon. Der Kaiser hatte ein *Faible* für *l´eau admirable*, das Wunderwasser, wie das Kölnisch Wasser damals genannt wurde.

Weltweit wurde der Duftklassiker kopiert, aber „Echt Kölnisch Wasser", Original *Eau de Cologne*, kommt nur aus der Domstadt. Geschickt wird für das Duftwasser geworben. Das Ornamentik- Etikett der Marke 4711 in Bremer Blau und Gold ist ein Blickfang. Auch der Flakon, die Molanusflasche, hat seit 1820 ein unverkennbares Design. Und zu jeder vollen Stunde zwischen neun und neunzehn Uhr erklingt in der Glockengasse das Glockenspiel mit der Marseillaise. *Hommage à la France!* 1995 ehrte die Stadt Köln Johann Maria Farina zudem durch eine Statue des Bildhauers Olaf Höhnen am Turm des Rathauses.

Etymologische Erläuterungen und weiterführende Hinweise

Citronen: So schrieb Farina das Wort „Zitrone".

Truppe: Von frz. *troupe* und lat. troppus (Herde).

Faible: Von frz. *faible* (schwach).

Flakon: Von frz. *flacon*.

Etikett: Von frz. *étiquette* und altfrz. *estiquier* (feststecken).

Destillateur: Von frz. *distillateur*.

Hommage: Von frz. *hommage* (männlich!).
Über die Wortherkunft siehe Seite 114.

Duftmuseum im Farina-Haus: www.farina-haus.de. Führungen auch in
französischer Sprache.

Zur Verwunderung vieler Deutscher wird in der französischen Sprache manche
Stadt umbenannt. Das bekannteste Beispiel ist Köln, in Frankreich nur als
Cologne bekannt. Weitere betroffene Städte sind u. a.: Aachen = *Aix-la-Chapelle*,
Braunschweig = *Brunswick*, Bremen = *Brême*, Dresden = *Dresde*, Duisburg =
Duisbourg, Koblenz = *Coblence*, Frankfurt = *Francfort*, Hamburg = *Hambourg*,
Hannover = *Hanovre*, Lüneburg = *Lunebourg*, Mainz = *Mayence*, Monschau (in
der Eifel) = *Montjoie*, München = *Munich*, Regensburg = *Ratisbonne*, Saarbrücken
= *Sarrebruck*, Speyer = *Spire*, Trier = *Trèves*. Nicht nur mehrere Städte, sondern
auch die Bundesländer werden unbenannt: z.B. Baden-Württemberg = *Le
Bade-Würtemberg*, Bayern = *La Bavière*, Brandenbourg = *Le Land de* oder *du
Brandebourg*, Hessen = *La Hesse*, Niedersachsen = *La Basse-Saxe*, Mecklenburg-
Vorpommern = *Le Mecklembourg-Poméranie occidentale*, Nordrhein-Westfalen = *La
Rhénanie-du-Nord-Westphalie*, Rheinland-Pfalz = *La Rhénanie-Palatinat*, Sachsen
= *La Saxe*, Sachsen-Anhalt = *La Saxe-Anhalt*, Saarland = *La Sarre*, Thüringen =
La Thuringe. Den Schwarzwald kennen Franzosen nur als *la Forêt-Noire*, den

Bodensee nur als *le lac de Constance*, Ostfriesland als *la Frise orientale*. Folgerichtig gibt es *Frisons, Badois, Bavarois, Hessois, Rhénans bons vivants, Sarrois, Saxons* und sparsame *Souabes*.

Die Marseillaise: Die französische Nationalhymne wurde Ende April 1792 in Straßburg von einem Offizier namens Rouget de Lisle komponiert. Dennoch sind es Marseillais, die diesem furchterregenden Kriegslied seinen Namen gaben. Ende Juli 1792 marschierte ein *bataillon* Freiwilliger aus Marseille nach Paris, um die Revolutionäre zu unterstützen und die Republik auszurufen. Während des mehrtägigen Marsches bis zum Einzug in Paris sangen sie das „Kriegslied für die Rheinarmee". In den Ohren der Pariser war es von diesem Zeitpunkt an die Marseillaise. Am 17. August 1792 wurden die *Tuileries* in Paris erstürmt.

Femmes Fatales

Als Sohn einer polnischen Adligen und eines unbekannten Vaters erblickt am
25. August 1880 in Rom Guglielmo Alberto Wladimiro Alessandro Apollinare de
Kostrowitzky das Licht der Welt. Zweifellos klangvoller ist der später von ihm
ausgesuchte *nom de plume* Apollinaire. Unter diesem Pseudonym ist er uns als
einer der größten Dichter der Weltliteratur bekannt. Neben dem *enfant terrible*
Arthur Rimbaud gilt Apollinaire als der Dichter der Moderne *par excellence*.

Der junge Guglielmo beherrschte neben Polnisch und Italienisch auch
Französisch, als die Familie nach Monaco und Nizza zog. Obwohl er ein guter
Schüler war, schaffte er 1897 das Abitur nicht. Dass nicht bestandene Prüfungen
keine Auswirkungen auf den späteren Ruhm haben, zeigt eindrucksvoll das
Beispiel von Thomas Mann. Apollinaires Jugend ist keine glückliche, sie ist von
Geldnot geprägt. In Paris angekommen schreibt er unter dem Namen Wilhelm
Kostrowitzky seine ersten drei Gedichte für die Zeitschrift *La Grande France*.
Harte Zeiten. Als Ausländer muss er sich beweisen, geistige Nahrung macht
nicht satt. Dann kommt die Wende. 1901 erweist sich für den jungen Dichter als
Schicksalsjahr.

Er folgt dem Ruf von Madame de Milhau, einer vermögenden deutschen
Aristokratin und Witwe, und arbeitet als Hauslehrer für deren Tochter Gabrielle
in Honnef. Dort verliebt er sich Hals über Kopf in die englische *gouvernante*
Annie Playden. *Il tombe amoureux*, wie die Franzosen sagen, „er fällt verliebt".
Leider erwidert Annie seine leidenschaftliche Liebe nicht. Und so bleibt dem
melancholischen und tief enttäuschten Dichter der Rhein, der ihn zu den
schönsten melodischen Gedichten der französischen Literatur inspirieren wird.
Erst 1913 werden die neun unter dem Titel *Rhénanes* (Rheinische Lieder)
verfassten Gedichte im Lyrikband *Alcools* veröffentlicht.

Der liebeskranke Dichter erweist sich in den Gedichten *Mai* und *Nuit Rhénane* als ein Virtuose des Reims. Annie, das ist die verflossene Liebe, die Geliebte, die wie der Strom nicht aufzuhalten ist. Genauso unaufhaltsam ist das Verfließen der Zeit. Alles ist vergänglich. Wer sich verliebt, der verliert sich, und, von der Frau verraten, verliert und resigniert. Den *Mal-Aimé*, den Ungeliebten, nannte sich der unglückliche Guillaume Apollinaire, der so leidenschaftlich liebte, und sich als Opfer betrachtete. Clemens Brentano hatte den jungen Apollinaire zweifellos mit seinem Gedicht „Loreley" inspiriert. Von Anfang an unterscheiden sich jedoch die Gedichte von Brentano und Apollinaire. „Zu Bacharach am Rheine wohnt eine Zauberin..." schreibt Brentano. Apollinaire ist präziser: *„A Bacharach il y avait une sorcière blonde...".* Es gab in Bacharach eine blonde Hexe. Blondes Gift? Waren „Hexen" nicht rothaarig? Und ist der Mai wirklich der angebliche Wonnemonat?

Les pétales tombés des cerisiers de mai	Fallende Blütenblätter der Maikirschbäume
Sont les ongles de celle que j´ai tant aimée	Sind wie Nägel von ihr die ich einst so sehr liebte

... klagt der Dichter im Gedicht „Mai". Die reizvolle Landschaft bleibt, wie die Liebe, eine schöne Illusion.

Le mai le joli mai en barque sur le Rhin	Im Mai im lieblichen Mai im Kahn auf dem Rhein
Des dames regardaient du haut de la montagne *Vous êtes si jolies mais la barque s´éloigne*	Frauen schauen von Bergeshöhen Ihr seid so anmutig schön doch das Boot entschwindet
Qui donc a fait pleurer les saules riverains	Wer hat am Ufer die Weiden weinen lassen

Keine Interpunktion in Apollinaires Klageliedern. Alles fließt und verfließt. In *Nuit Rhénane*, „Rheinische Nacht", verschmilzt die Phantasie mit der Wirklichkeit. Die Nixen, Wesen der germanischen Mythologie, sind *„ces fées aux* *cheveux verts qui incantent l´été*", „diese grünbehaarten Feen die, den Sommer beschwören". Sie sind verführerisch-gefährlich, üben eine unwiderstehliche Anziehung und eine unheilvolle Macht aus. Und der Rhein selbst? *„Le Rhin le Rhin est ivre où les vignes se mirent / Tout l'or des nuits tombe en tremblant s'y refléter"*, „Der Rhein der Rhein ist berauscht wo die Reben sich spiegeln / Goldene Nächte brechen herein sich zitternd zu reflektieren."

Apollinaire wird zweimal nach London fahren, um Annie zu treffen. Seine Liebesbeziehung wird dennoch platonisch bleiben. Seine weiteren stürmischen *liaisons* in Frankreich sind nicht von Erfolg gekrönt. Nach fünf Jahren verlässt ihn die Malerin Marie Laurencin. 1914 meldet sich Apollinaire freiwillig zum Kriegsdienst und wird schwer am Kopf verletzt. Zu dieser Zeit hatte er sich bei einem Aufenthalt in Südfrankreich in Louise de Coligny-Châtillon verliebt. *Le coup de foudre*, Liebe auf den ersten Blick und *un amour fou*. Nur eine Woche dauerte eine Beziehung, die „Lou" alsbald brach, aber an der Front schrieb der exaltierte Dichter seiner Muse fast täglich leidenschaftliche Liebesbriefe und Gedichte. Im Sprachrausch. Apollinaire ist der Vorreiter der Surrealisten.

Je pense à toi mon Lou	Ich denke an Dich Lou
Ton cœur est ma caserne	Dein Herz ist meine Kaserne
Mes sens sont tes chevaux	Meine Sinne sind deine Pferde
Ton souvenir est ma luzerne	Deine Erinnerung ist meine Luzerne

1918 starb Apollinaire an den Folgen der Spanischen *Grippe*. Sein berühmtestes Gedicht bleibt *Le Pont Mirabeau*. Es wurde meisterlich von Hans Magnus Enzensberger ins Deutsche übertragen.

Sous le pont Mirabeau coule la Seine	Unterm Pont Mirabeau fließt die Seine
Et nos amours	Was Liebe hieß

Faut-il qu'il m'en souvienne	Muß ich es in ihr wiedersehen
La joie venait toujours après la peine	Muß immer der Schmerz vor der Freude stehn
L'amour s'en va comme cette eau courante	Wie der Strom fließt die Liebe
L'amour s'en va	So geht die Liebe fort

Comme la vie est lente... dichtet weiter Apollinaire. Langsam ist das Leben und manchmal unerträglich. Der große, unglückliche Lyriker, Paul Celan, der 1948 die französische Staatsangehörigkeit angenommen hatte, hatte das Gedicht „Schinderhannes" von Apollinaire übersetzt. In seinem Gedicht „Die Niemandsrose" hatte Celan seinen letzten Schritt angedeutet:

Von der Brücken-/quader, von der/er ins

Leben hinüber-/prallte, flügge/von

Wunden,-vom/Pont Mirabeau

Im April 1970 in Paris nahm sich Paul Celan das Leben. Vom *Pont Mirabeau* aus stürzte er sich in die Seine.

Etymologische Erläuterungen und weiterführende Hinweise

Nom de plume: Schriftstellername. *Nom* = Name, *Plume* = Feder.

Enfant terrible: Wörtlich „schreckliches Kind", sinngemäß Familien- oder Bürgerschreck.

Liaison: Von frz. *liaison* (Verbindung, Liebschaft, Liebesverhältnis) und ursprünglich lat. ligatio (Verbindung).

Coup de foudre: Frz. wörtlich für „Blitzschlag", Liebe auf den ersten Blick.

Amour fou: Frz. wörtlich für „verrückte Liebe". Das Wort *amour* ist im Französischen männlich, und es gibt kurioserweise und im Gegensatz zur deutschen Sprache einen Plural. In seinem berühmten Chanson, *La Chanson de Prévert* erwähnt Serge Gainsbourg mehrfach *les amours mortes*, die erloschene Liebe. *Revenir à ses premières amours* wird mit „seiner alten Leidenschaft wieder frönen" übersetzt.

Qui donc a fait pleurer les saules riverains / Wer hat am Ufer die Weiden weinen lassen. *Le saule-pleureur*, wörtlich „die weinende Weide" = Die Trauerweide. In der französischen Sprache sind Bäume fast immer männlich, im Deutschen weiblich (die Birke = *le bouleau*, die Eiche = *le chêne*, die Kopfweide = *le saule (coupé en) têtard*, die Linde =*le tilleul*, die Platane = *le platane* etc.).

Grippe: Von gleichbedeutend frz. *grippe*. Ursprünglich ein Wort germanischen Ursprungs (greifen). Siehe dazu die Wortgeschichte im Buch „Madame Baguette und Monsieur Filou", Magenta-Verlag. An die 50 Millionen Menschen tötete die Spanische Grippe von 1918 - 1920.

Guillaume Apollinaire. Liebesgedichte Französisch/Deutsch. Herausgegeben von Ulla Hahn, Auswahl und Nachwort von Prof. Dr. Marc Föcking, Universität Hamburg. Reclam 2013.

www.jhelbach.de/Lit/Heft.pdf
www.wiv.edu/Apollinaire
www.toutelapoesie.com | Apollinaires Gedichte in französischer Sprache.

Gedichte von Guillaume Apollinaire wurden von Léo Ferré und Marc Lavoine vertont. Wunderschön sind die Wortbilder, die Calligrammes von Apollinaire.

Bei der Stadt Bad Honnef kann die Broschüre „Stadtrundgang auf den Spuren des französischen Dichters" angefordert werden
(EUR 1,50 - info@stadtinfo-badhonnef.de).

Fisternöll

La recherche de la paternité est interdite.
Die Erforschung der Vaterschaft ist untersagt.
Art. 340 aus dem Code Napoleon.

Nach einem deftigen Gericht wie Himmel und Erde gönnt sich mancher Niederrheiner ein „Fisternölleken". Das ist ein Kornschnaps, der mit einem Zuckerstückchen und einer Kaffeebohne oder seltsamerweise sogar mit einer Rosine serviert wird. Der Klare soll gegen Blähungen helfen. Daher empfiehlt es sich, *faire cul-sec* („den Arsch trocken zu wischen"), also sein Gläschen in einem Zug zu leeren.

Zur etymologischen Verwirrung trägt eine völlig andere Bedeutung des Wortes bei. „Fisternöll" kann nämlich auch einen *fignoleur*, einen fingerfertigen Bastler, bezeichnen. In Düsseldorf wiederum ist ein „Fisternölles" ein Nörgler, ein kleinlicher Mensch, der eben „nölt" und überall etwas zu bekritteln hat.

Beim rheinischen Rivalen Köln wird nicht genörgelt, sondern stets ausgelassen gefeiert. In der Karnevalszeit ist ein „Fisternöll" oder „Fisternöllche" eine heimliche Liebschaft oder gar ein Seitensprung. Schluss mit lustig ist am Aschermittwoch. Dann ist ein „Fastelovendsfisternöll" vorbei.

Um das mysteriöse Wort rankt sich eine originale Legende, die auf die Franzosenzeit in Köln zurückgeht. Glauben Sie an den *Père Noël*, an den Weihnachtsmann? Der Sohn des Weihnachtsmannes wird mit *Fils de Noël* oder *Fils du Père Noël* übersetzt. Demnach wäre ein „Fisternöll" ein uneheliches Kind, das während eines Seitensprungs in der fünften Jahreszeit gezeugt und an Weihnachten geboren wurde. Wer mochte wohl der unbekannte Vater des Kindes sein? Der „geschenkfreudige" Weihnachtsmann war natürlich eine willkommene Ausrede.

Rückblende: Am 06. Oktober 1794 übergab Bürgermeister Klespé vor der
Hahnentorburg Brigadegeneral Jean-Etienne Championnet die Stadtschlüssel.
Als zwei Tage später der französische General Jean-Baptiste Jourdan in Köln
eintraf, war er fassungslos. Dunkle, dreckige Gassen und Straßen voller Unrat,
keine Laternen! Jourdan war keine rheinische Frohnatur. Er forderte den
Stadtrat auf, solche Missstände unverzüglich zu beseitigen. Daraufhin wurden
die Kölner Straßen täglich gereinigt und von sechs Uhr abends bis sechs Uhr
morgens mit Laternen beleuchtet.

Köln war eine sogenannte *bonne ville de l´Empire français*, eine „gute Stadt des
Kaiserreiches Frankreich". Ein Ehrentitel. 1812 zählte die Stadt an die 42.000
Einwohner. Es wurden allerdings französische Truppen in einer Stärke von
etwa 12.000 Mann einquartiert. Bevölkerung und Soldaten pflegten Kontakte,
und 1812 nahmen sogar die Besatzungstruppen am Karnevalszug teil. Und
dann... *Oh là là!* Oje! Diese wunderschöne, klangvolle französische Sprache, der
unwiderstehliche *Charme* der jungen Soldaten!

Der folgende fiktive Dialog auf Kölsch zeigt ein „Fisternöllche" mit fatalen
Folgen:

Kölle, Juni 1812 im Haus der Familie Matthes, *Rue de l´Ecrevisse*, Krebsgasse.

Ärger en d´r Famillich Matthes:

-Vater, isch muss d´r jet bichte...

.Wat dann, Marieche?

-Do kennst doch dä Schäng-Noël Chaudlapin?

.Dä Schäng-Noël, dä schöne Franzus?

-Jo, dä französische Leutnant.

.Schäng-Noël, die Breefkasteschnüss?

-Sag isch doch!

.Jo un? Wat ess passeet?

-Jo...Fastelovendl... Dä Schäng-Noël wor suuuuuuu charmant...*Ah ma chérie, ma poule, ma biche colognaise, ma puce, ma caille rhénane, mon petit loup, mon trésor...*

.Wat verzällste do da för ene Kappes? Mapul, Mabisch, Mapüs, Makairenan?

-Papp, isch han nix verstande, et klang äwer suuuuuu schön! E Pussiersche... Schäng-Noël hat mir jet jeschenk...

.Wat dann? En Fläsch Wing? Filou rouge? Botter bei de Fesch, Marieche! Worum weinst do?

-Nä, et wor kein Fläsch Wing...Mir ess plümerant...isch jlöuv...Dat ess e Panz!

.Chresskind! Malör! Marieche, maach mir kein Fisematente. Do bess schold! Die zwei han e Fisternöllche! Wat för en Bescherung!

(Marieche mit rheinischem Fatalismus): Wat wellste maache? Et ess wie et ess, et kütt wie et kütt...

.Dä Schäng-Noël ess ding Luschewa!!! Isch be esu suur!!! Morje spreche isch mit däm Kommandant. Dä Chaudlapin, dä fiese Möpp, die Aap, dä Kaäl muss in et Tippo!

-Papp, et hät noch immer jootjejange...

.Nä, Marieche, et bliev nix, wie et wor! Alles kapott!

Etymologische Erläuterungen und weiterführende Hinweise

Cul-sec: Gemeint ist *le fond de la bouteille*, der Bodensatz der Flasche. Der derbe Ausdruck hat also mit unserem Allerwertesten nichts zu tun.

Charme: Von frz. *charme* und lat. carmen (Gesang, Lied, Zauberspruch). Das französische Wort bezeichnet auch einen Baum, nämlich die Hainbuche.

Schäng-Noël: Von frz. *Jean* (Hans)und *Noël*, Weihnachten. *Noël* (männlich) und *Noëlle* (weiblich) sind gebräuchliche Vornamen in Frankreich.

Chaudlapin: Von *chaud* (warm, heiß) und *lapin* (Kaninchen).

Leutnant: Von frz. *lieu* (Ort) und frz. *tenant* (haltend) als Bezeichnung für den damaligen Statthalter. Siehe die Wortgeschichte auf Seite 110.

Breefkasteschnüss: Angeber („Briefkastenmund").

Ma poule = mein Huhn. *Ma biche* = meine Hirschkuh. *Ma puce* = mein Floh. *Ma caille rhénane* = meine rheinische Wachtel. *Mon petit loup* = mein kleiner Wolf.

Mon trésor = mein Schatz. Gebräuchliche charmante Kosewörter in Frankreich, die normalerweise bei deutschen Frauen, sollten sie die französische Sprache beherrschen, nicht besonders gut ankommen…

Kappes: Siehe die Wortgeschichte auf Seite 100.

Pussiersche: Von „poussieren" und ursprünglich frz. *pousser* (schieben bzw. stoßen). *Ho(n)ni soit qui mal y pense!* - „Verabscheut sei, wer schlecht darüber denkt!" (Angeblicher Ausruf des Königs Eduard III. von England, als er auf einem Ball das entfallene Strumpfband der Gräfin Salisbury aufgehoben haben soll). In der Altstadt von Fulda gibt es ein Pussiergässchen. Für heimliche *Rendezvous?*

Filou: Eigentlich ein raffinierter Dieb im 17. Jahrhundert in Frankreich. Im *argot* wurden die *fileurs de laine*, die Wollspinner, *filous* genannt. Diese schlauen Diebe folgten unauffällig anderen Dieben, beobachteten ihre Diebstähle und drohten ihnen, sie an die Polizei auszuliefern. Zum Kompromiss gezwungen, musste der Dieb seine Beute mit dem ungebetenen Erpresser teilen. Ironischerweise wurde der Betrüger zum „Opfer". „Filou" ist eine Entlehnung vom französischen Verb *filer*, spinnen, aber auch beschatten und umgangssprachlich „abhauen".

Plümerant: oder Blümerant. Von frz. *bleu mourant* (sterbendes/mattes Blau). Dies war eine Modefarbe im 18. Jahrhundert in Deutschland. Sprachliches Erbe der Hugenotten in Berlin und Brandenburg. Später achtete Friedrich der Große sehr auf die Qualität des Porzellans seiner Königlichen Porzellan-Manufaktur in Berlin und KPM wurde zum preußischen Vorzeigebetrieb. Für das Neue Palais im Park Sanssouci in Potsdam bestellte der König ein besonderes Geschirr aus einem ganz zarten Blau und die KPM-Meistermaler schufen 1763 die Dekormalerei *bleu mourant* des Rokoko-Services Neuzierat.

Panz: Kind. Von frz. *panse* (Bauch).

Malör: Von frz. *malheur* (Unglück), einer Zusammensetzung aus *mal* (schlecht) und *heur* (Umstand).

Fisematente: Siehe dazu die Wortgeschichte in meinem Buch „Madame Baguette und Monsieur Filou- Amüsante und spannende Wortgeschichten aus Frankreich", Magenta-Verlag. Die Legende zur napoleonischen Zeit, *Visitez ma tente, Mademoiselle!* (Besuchen Sie mein Zelt, Fräulein!) ist ganz nett, aber Unfug. „Fisematente" kommt von lat. „visae patentes" (verliehenes Patent). Spröde, aber wahr.

Luschewa: Von frz. *Liégeois* (Lütticher, Einwohner von *Liège*/Lüttich). Waren die Belgier doch die besseren Liebhaber?

Kommandant: Von frz. *commandant* („Weisung gebend").

Tippo: Gefängnis. Von frz. *dépôt* (Aufbewahrungsort, Lager).

Kapott: kaputt. Von frz. *capot* und *faire capot* (beim Kartenspiel alle Stiche gewinnen und somit den Gegenspieler „platt machen"). Siehe dazu die Wortgeschichte in „Madame Baguette und Monsieur Filou", Magenta-Verlag.

An die 500 Gallizismen, also französische Lehnwörter, wurden „eingekölscht", wie z. B. Paraplü, von frz. *parapluie* (Regenschirm), Trottewar, von frz. *trottoir* (Bürgersteig), Plafong, von frz. *plafond* (Decke), Bagage, von frz. *bagage* (Gepäckstück), Klör, von frz. *couleur* (Farbe), Plümo (Federbett), von frz. *plumeau* (Staubwedel!), shaluu (eifersüchtig), von frz. *jaloux* (eifersüchtig) etc. Siehe auch www.koelsch-woerterbuch.de .

Napoleon hat zweimal (1804 und 1811) der Stadt Köln einen Besuch abgestattet. Im September 1804 hat er im damaligen Hotel „Blankenheimer Hof" am *Place des Victoires*, dem heutigen Neumarkt, logiert. Bei seinem zweiten Besuch 1811 war der Kaiser von der ihm entgegengebrachten Zuneigung der Kölner Bevölkerung so angetan, dass er die Stadt zu einer *des bonnes villes*, der „guten Städte" seines Imperiums erhob. Der Kölner Gelehrte Heinrich Daniels erarbeitete die erste Übersetzung des *Code Napoléon*. Zu guter Letzt ist zu erwähnen, dass gerade bei Franzosen der Kölner Weihnachtsmarkt sich großer Beliebtheit erfreut.

Flair

Hamburg ist bekannt für seine Anglophilie und seine Bürger gelten als phlegmatische Meister des Understatements. Doch die Hansestadt ist französischer als man denkt.

Das Edikt von Nantes von Heinrich IV. garantierte im 17. Jahrhundert die Religionsfreiheit in Frankreich. Am 18. Oktober 1685 widerrief Ludwig XIV. dieses Toleranzedikt und beging somit einen fatalen Fehler. Frankreich hatte seine *Elite* verloren. Viele Protestanten, *Huguenots*, Hugenotten genannt, die nicht zum Katholizismus konvertieren wollten, mussten das Land verlassen. Sie gingen nach Holland, Berlin und Brandenburg, auch nach Bremen und Hamburg. Schon 1686 gründeten die französischen *Réfugiés* (Flüchtlinge, Glaubensflüchtlinge) eine französisch-reformierte Gemeinde in Altona. Viele wurden erfolgreiche Kaufleute und trugen zum wirtschaftlichen Aufschwung der Stadt bei. 1716 wurde zwischen Hamburg und Frankreich ein Handelsvertrag geschlossen. Bereits im 13. Jahrhundert hatten die Hansekoggen Bordeaux-Weine nach Hamburg gebracht. Heute ist das Nachbarland der wichtigste Handelspartner der Hansestadt.

Der Hamburger Architekt und Stadtplaner Alexis de Chateauneuf war der Sohn französischer Emigranten. Er studierte eine Zeitlang in Paris, bevor er nach Italien ging. Er brachte mediterranes *Flair* in seine Heimatstadt und erneuerte dort die Backsteinarchitektur. Die eleganten Alsterarkaden gehen auf seine Entwürfe zurück, und nach dem Großen Brand von 1842 entstand nach seinen Plänen die Alte Post.

Auch kulturelles *Flair* kann die Elbmetropole aufweisen. Meisterwerke nahezu aller berühmten französischen Maler der zweiten Hälfte des 19. Jahrhunderts wie Degas, Gauguin, Monet, Manet, Renoir etc. sind in der Gemäldegalerie der Kunsthalle zu bewundern. Zu den bedeutendsten Werken der ohnehin hervorragenden Sammlung der Kunsthalle gehören auch Pierre Bonnards „Abend am Uhlenforster Fährhaus" und Edouard Vuillards „Blick auf die Binnenalster". 1913 waren die befreundeten Maler nach Hamburg gereist und hatten dort ihre Inspiration gefunden.

Es leben rund 4.000 Bürger französischer Herkunft in Hamburg. Für vielfältige gesellige und kulturelle Aktivitäten sorgen das Institut Français und die deutsch-französische Gesellschaft Cluny e.V.. Letztere wurde bereits 1947 gegründet. Zusammen mit anderen Institutionen engagiert sie sich bei der Durchführung des jährlich stattfindenden deutsch-französischen Kulturfestivals Arabesques.

Nur wenige Schritte vom imposanten Rathaus entfernt liegt ein Kleinod *par excellence*, das Café Paris mit seinem schillernden Jugendstilinterieur. Natürlich ist das *Café* überhaupt nicht vergleichbar mit den berühmten Pariser Cafés, *Le Procope* und *Café de Flore*, oder mit der mythischen *Brasserie Excelsior* in Nancy, der Hochburg des französischen Jugendstils. Im Café Paris stehen die dunklen Bistrostühle und Tische eng beieinander, es ist unprätentiös, immer voll, *sympa* und *convivial* (gesellig), wie die Franzosen sagen, und laut. Dennoch hat das Café eine persönliche Note, verströmt viel Flair. Am Tresen kann man mit dem freundlichen Personal „schnacken" oder eine Zeitung lesen. Es herrscht eine ausgelassene Atmosphäre. Serviert werden kleine französische Spezialitäten oder ein *plat du jour*, ein Tagesgericht, Croques, aber auf Wunsch auch Austern und Champagner. Erweitert wird das Café durch einen sogenannten *Salon*, einen ehemaligen traditionellen hanseatischen Tabakladen. Beeindruckend ist das sechs Meter hoch Jugendstilkachelgewölbe. In zwei entzückenden Rotunden, mit einer Girlande aus Rosen umhüllt, illustrieren kunstvolle Jugendstilfiguren Hamburgs Landwirtschaft und Industrie, Handel und Schifffahrt.

Sowohl Hamburg als auch Paris kann man entspannt vom Wasser aus erleben. Am berühmten Jungfernstieg legen die weißen Alsterdampfer ab, und für jeden Paris-Besucher ist eine Schiffstour auf der Seine, an Bord eines *bateau-mouche* (wörtlich „Fliegenschiff"), ein Muss.

Als ich das Gewölbe des Cafés Paris bestaunte, kam mir die *Devise* von Paris in den Sinn: Fluctuat nec mergitur. Von den Wogen geschüttelt, wird es (dieses Schiff) nicht untergehen. Auch Paris war im Mittelalter ein bedeutender Handelshafen. Seine Flussschiffer, die *marchands de l´eau* („Wasserkaufleute"), nannte man auch *Nautes*. Sie bildeten eine mächtige Zunft, deren Symbol ein Schiff war, das heute noch das Wappen der Lichterstadt ziert.

Die drei Großstädte Paris, Hamburg und dessen Partnerstadt Marseille, haben eine wechselvolle Geschichte. Glanz und Reichtum, Leid und Armut liegen dicht beieinander. Am 1. November 1347 legte ein Schiff aus Genua im Hafen von Marseille an. An Bord war der Schwarze Tod, die Pest. Am 20. August 1348 brach die Epidemie auch in Paris aus. Zwei Drittel der Bevölkerung wurden dahingerafft. Und um 1350 wütete die Seuche in Hamburg. 6.000 Tote waren zu beklagen. Allerdings war die Hansezeit auch eine Blütezeit, getreu dem Motto „alle Macht dem Kaufmann". Die Pfeffersäcke, wie die reichen Kaufleute spöttisch genannt wurden, lebten im Wohlstand, die Hafenarbeiter und Seeleute dagegen in bitterer Armut. In den darauffolgenden Jahrhunderten blieb der Hansestadt nichts erspart. Zweimal, 1750 und 1906, brannte die Kirche Sankt Michaelis, der „Michel", ab. Am 21. November 1806 löste Napoleon durch die Verhängung der Kontinentalsperre gegen England, den Erzfeind Frankreichs, eine wirtschaftliche Katastrophe und Massenarbeitslosigkeit in der Hauptstadt des *Département des Bouches de l´Elbe* (*Département* der Elbmündungen) aus. Die Hauptkirchen mit Ausnahme von Sankt Michaelis wurden zu Pferdeställen umfunktioniert. 1811 zählte die Stadt knapp 107.000 Einwohner. Zwischen 1831 und 1873 wurde Hamburg dreizehnmal von der Cholera heimgesucht. Im Ersten Weltkrieg verlor die Stadt 40.000 ihrer Söhne. Im Zweiten Weltkrieg, Ende Juli und Anfang August 1943, wurde die halbe Stadt von der britischen Luftwaffe in Schutt und Asche gelegt. 40.000 Menschen starben. Das martialische, kolossale Bismarck-Denkmal, das ich von der Turmspitze der Michaeliskirche aus entdecken konnte, diente als „Luftschutzkeller" und blieb „unversehrt". Auch Paris entging ganz knapp der Vernichtung. Zum Glück konnte sich der Stadtkommandant Dietrich von Choltitz dem letzten Befehl von Hitler am 23. August 1944 erfolgreich widersetzen. Dieser lautete: „Paris darf nicht oder nur als Trümmerfeld in die Hand des Feindes fallen". De Gaulle sah in der Befehlsverweigerung einen

Grundstein für die spätere deutsch-französische Aussöhnung.

Fluctuat nec mergitur! Alles *passé*, alles vorbei, aber nicht vergessen. Heute sind aus Feinden Freunde geworden, und Hamburg ist aus Trümmern auferstanden, weltoffen wie eh und je.

Auch das Café Paris hatte Glück. Es hätte im Bombenhagel ausgelöscht werden können. Als meine Frau und ich Ende Februar 2014 Hamburg besichtigten, schien die Sonne. Kein „Schietwetter". Und als wir das Café Paris betraten und den schweren Samtvorhang aufzogen, hatten wir sozusagen den richtigen Riecher. Das Wort „Flair" ist eine direkte Entlehnung aus dem Französischen. Es wurde erstmalig 1176 von Chrétien de Troyes erwähnt. 1556 bezeichnete damit der Dichter Pierre Ronsard den *odorat du chien* (Geruchssinn des Hundes). Demzufolge bedeutet *flairer* „schnuppern, beschnüffeln" und auch „wittern". Im übertragenen Sinne ist *flairer un piège* „eine Falle wittern".

Wenn Sie in Hamburg sind, schnuppern Sie einfach ins gemütliche Café Paris rein. Es ist keine Touristenfalle. Eine Tischreservierung ist zu empfehlen, denn der Treffpunkt von Frankreich-Liebhabern erfreut sich großer Beliebtheit, auch bei jüngeren und älteren Hamburgern.

Savoir-Vivre à la hambourgeoise! Hamburg ist französischer als man denkt. Und wird es bleiben.

Etymologische Erläuterungen und weiterführende Hinweise

Hugenotten: Eine Verballhornung von „Eidgenossen". Die Hugenotten kamen ursprünglich aus der Schweiz. Erst Anfang des 16. Jahrhunderts wurden die Protestanten in Frankreich als *Huguenots* bezeichnet. Die Protestanten protestierten nicht, sondern bekannten sich lediglich zu ihrem Glauben. Der Begriff stammt aus lat. protestans (öffentlich bezeugend). Nähere Informationen unter www.hugenotten.de.

Elite: Von frz. *élite* (das Auserwählte) und frz. *élire* (auswählen, wählen).

Elegant: Von frz. *élégant* und lat. eligere (herauslesen). Zunächst ein Begriff der Kunstkritik und der Rhetorik, dann folgte eine Verallgemeinerung auf Kleidung, Architektur etc.

Gemäldegalerie: Von frz. *galerie* (überdachte Passage).

Café: Ursprünglich ein arabisches Wort, „qahwa". In der türkischen Sprache bedeutet „Kaweh" „Kraft." Sehenswerte Cafés in Frankreich: www.procope.com, www.cafedeflore.fr, www.brasserie-excelsior.com. Und in Hamburg: www.cafedeparis.net.

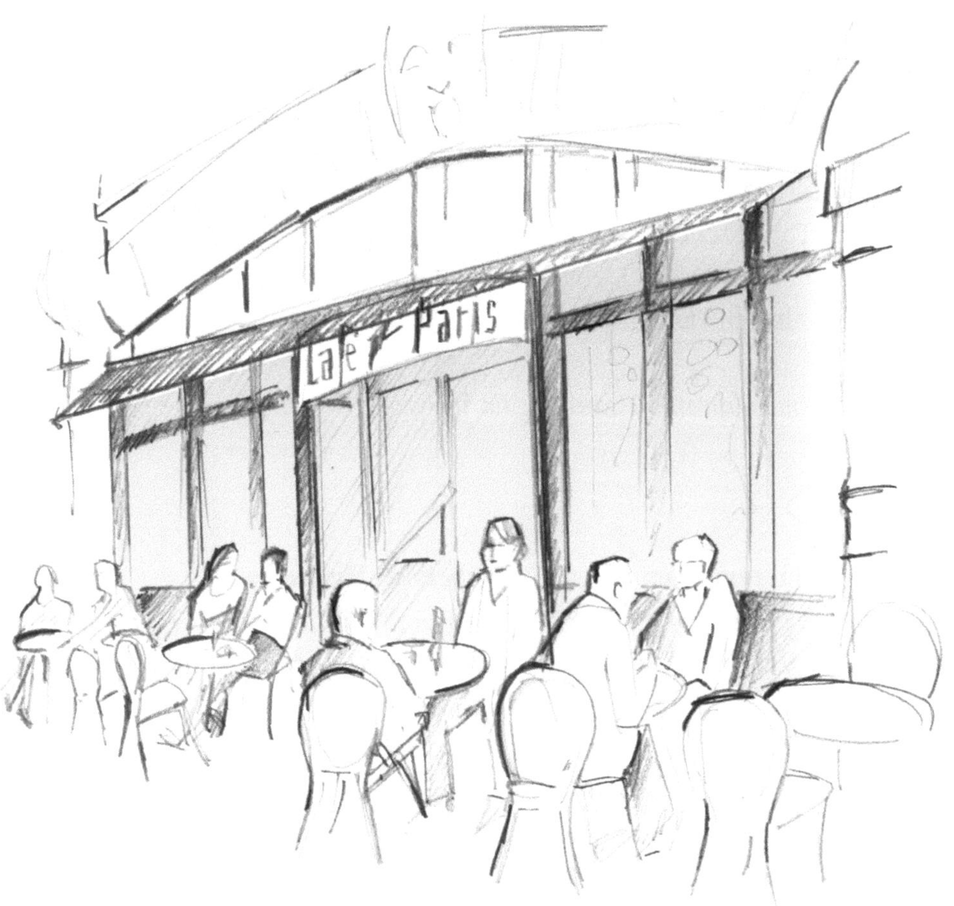

Brasserie: Von frz. *brasser* (Brauen) und altfrz. *brais* (Orge = Gerste).

Bistro(t): Das russische Wort „Bystro" bedeutet „schnell". Siehe dazu die Wortgeschichte in meinem Buch „Madame Baguette und Monsieur Filou-Amüsante und spannende Wortgeschichten aus Frankreich" (Magenta-Verlag) und die Wortgeschichte „Ratatouille" in diesem Buch.

Croque: Von frz. *croquer* (knacken, krachen, beißen). Die französischen Klassiker *croque-monsieur* und *croque-madame* unterscheiden sich von den Croques in Deutschland. Bei einem *croque-monsieur* wird in Frankreich kein Baguette verwendet. Es werden vielmehr Käse und Kochschinken zwischen zwei Toastbrotscheiben gelegt, das zusammengeklappte Sandwich wird dann mit Käse bestreut und gebacken. Auf die *croque-madame*-Variante kommt nach dem Backen noch ein Spiegelei dazu.

Salon: Von frz. *salon* und ursprünglich ital. salone (großer Saal).

Girlande: Von frz. *guirlande* und altfrz. *garlande*.

Industrie: Von frz. *industrie*, eigentlich „Fleiß, Geschäftigkeit".

Devise: Von frz. *devise*. Es war ursprünglich ein Ausdruck der Wappenkunst.

Savoir-Vivre: Lebensart. Wörtlich „wissen-leben".
Vermittler der französischen Sprache und Kultur in Hamburg:
www.institutfrancais.de,
www.cluny.de,
www.vhs.de,
www.arabesques-hamburg.de.
Informationen über Marseille, die Partnerstadt von Hamburg und Europas Kulturhauptstadt 2014, unter www.marseille-tourisme.com.

Futsch

Der Ausspruch „Nach uns die Sintflut" wird auf die Marquise de Pompadour zurückgeführt. Während eines Festes am 5. November 1757, das durch die Niederlage der französischen Truppen bei der Schlacht von Rosbach gestört zu werden drohte, soll die verwöhnte *maîtresse* des Königs Ludwig XV. *„Après nous le déluge"* ausgerufen haben. In der französischen Umgangssprache wird eine solche gleichgültige Haltung als *je m´en-foutisme* bzw. *je m´en-fichisme* bezeichnet.

„Futsch ist futsch", es ist „futsch", es lässt sich nicht ändern, es ist endgültig verloren gegangen, unwiederbringlich. Das Wort ist eine Entlehnung aus dem französischen Partizip *foutu*, in der Bedeutung von „aus und vorbei", „kaputt". Es besteht kurioserweise ein sprachlicher Zusammenhang mit einem von Franzosen umgangssprachlich häufig verwendeten Verb, nämlich *foutre*, dessen ursprüngliche sexuelle Bedeutung völlig verloren gegangen ist, also „futsch".

Im 18. Jahrhundert gehörten *le foutre*, das Sperma, und *foutre* (beschlafen, Geschlechtsverkehr haben) zu den Lieblingsvokabeln des berüchtigten Marquis de Sade. Dieser wurde wegen seiner schweren sexuellen Ausschweifungen mehrfach angeklagt und verhaftet. Aufgrund seiner radikalen *libertinage* verbrachte der egozentrische Adlige aus der Provence insgesamt 27 Jahre seines Lebens im Gefängnis, in Vincennes und in der Bastille. Dort verfasste er obszöne und kirchenfeindliche Romane, die an Perversionen und Gewalt nicht zu übertreffen sind. Anfang Dezember 1814 verstarb der sogenannte *divin Marquis*, der „göttliche Marquis", in der Irrenanstalt von Charenton.

Heutzutage entbehrt das Verb *foutre* zwar nicht einer gewissen Vulgarität, ist jedoch völlig harmlos und wird im Alltag oft verwendet. Um sprachlich auf der sicheren Seite zu sein, empfiehlt es sich, es durch das gleichbedeutende, abgemilderte *ficher* zu ersetzen. Natürlich ist *se moquer de quelqu´un ou de quelque chose*, sich über jemanden oder etwas lustig machen, immer die korrekte und bessere Alternative zu *foutre* und *ficher*. Dennoch lohnt es sich für jeden Liebhaber der französischen Sprache die folgenden umgangssprachlichen Ausdrücke zumindest passiv zu beherrschen:

Je m´en fous/Je m´en fiche: Das ist mir völlig wurscht/schnuppe.

Wenn Sie *brillieren* wollen, können Sie Redewendungen wie *Je m´en fous/fiche comme de l´an quarante* (Es ist mir genauso wurscht wie das Jahr vierzig) oder *je m´en fous/fiche comme de ma première chemise* (Es ist mir genauso wurscht wie das erste Hemd, das ich getragen habe) benutzen. Die Franzosen werden sich über Ihre Sprachkenntnisse wundern.

Fous/Fiche le camp! Foutez/Fichez le camp! Hau ab/Hauen Sie ab!

Vous vous foutez/fichez de moi? Wollen Sie mich verarschen?

Ils se foutent/fichent du monde: Die Leute sind ihnen egal.

Tout le monde s´en fout/fiche: Es ist allen Leuten wurscht.

Qu´est-ce que cela peut te/vous foutre? Was geht Dich/Sie das an?

Je me sens mal foutu(e)/fichu(e): Ich fühle mich nicht wohl.

Tout est foutu/fichu: Es ist alles kaputt.

Foutre und *ficher* bedeuten auch ganz einfach *faire* (tun, machen, veranstalten) oder *mettre* (setzen) und sogar *jeter* (werfen, schmeißen). Einige Beispiele:

Il ne fout/fiche rien du tout: Er tut gar nichts.

Il fout/fiche le bordel klingt ausgesprochen vulgär, bedeutet allerdings nichts anderes als „er macht ein Durcheinander".

Mais qu´est-ce qu´ils foutent/fichent? Aber was machen sie denn da? Warum
bleiben sie so lange weg?

Son patron l´a foutu(e)/fichu(e) à la porte: Sein/Ihr Chef hat ihn/sie
rausgeschmissen.

Elle fout/fiche l´argent/le fric par la fenêtre: Sie schmeißt das Geld/die Kohle zum
Fenster hinaus.

Wie Sie festgestellt haben, handelt es sich keineswegs um eine schlüpfrige
Wortgeschichte, sondern um wertvolle sprachliche Strategien.
Sollten Sie dabei etwas gelernt haben, ist mir das nicht egal, ganz im Gegenteil!
Cela ne m´est pas égal.

Etymologische Erläuterungen und weiterführende Hinweise

Marquis/Marquise: *Marquis* ist die französische Bezeichnung für französische Markgrafen. Die *marche* war früher das Grenzland, das germanische Wort „marka" bedeutete „Grenze". Im damaligen Frankreich wurde der Marquis vom König ernannt und verwaltete ein Grenzgebiet. Übrigens, der Begriff „Markise" leitet sich von dem französischen Wort *marquise*, der Ehefrau eines *marquis*, ab. Siehe dazu die Wortgeschichte „Markise" in „Madame Baguette und Monsieur Filou", Magenta-Verlag.

Maîtresse: Vom 16. bis zum 18. Jahrhundert war die offizielle Mätresse, die sog. *maîtresse royale*, auch *favorite* genannt, des jeweiligen französischen Königs, sehr einflussreich und zumeist ranggleich mit dem Premierminister. Jeanne-Antoinette Poisson, alias la Marquise de Pompadour (1721-1764), hatte sich im streng katholischen Frankreich immer wieder für Philosophen der Aufklärung wie Montesquieu und Voltaire sowie andere Intellektuelle erfolgreich eingesetzt. Der Begriff *maîtresse* hat heutzutage eine andere Bedeutung. Die *maîtresse de maison* ist die Hausherrin, die *maîtresse d´un chien* ist das Frauchen eines Hundes.

Le libertinage: Der Begriff stammt aus lat. libertinus („zu den Freigelassenen gehörig zu sein") und bezeichnete in der Antike Sklaven, denen man die Freiheit geschenkt hatte. Die Libertinage ist die Missachtung der Regeln und die Suche nach der eigenen Befriedigung.

Brillieren: Von frz. *briller* (glänzen).

Galant

Galante Männer verhalten sich Frauen gegenüber unterschiedlich. Die einen haben ein *Je ne sais quoi* (Ich weiß nicht was), das sogenannte gewisse Etwas, die anderen wollen gewiss etwas.

Ein *Kavalier* der alten Schule benimmt sich, im wahrsten Sinne des Wortes, ritterlich. Er handelt takt- und stilvoll, hilft Damen bei jeder Gelegenheit, ohne irgendwelche „Gegenleistungen" zu erwarten. Solche selbstlosen, zuvorkommenden, meist älteren Herren werden in Frankreich als *vieille France*, altes Frankreich, oder als *vieux jeu*, altes Spiel, bezeichnet. Sie werden manchmal als altmodisch empfunden und belächelt. Sie sind nicht unbedingt gut aussehend, dafür gebildet und haben das gewisse Etwas, das Frauen gefällt.

Im 17. und 18. Jahrhundert war die *galante conduite* (Benehmen) der Verhaltenskodex der höfisch-aristokratischen Kreise. Folgerichtig benahm man sich am französischen *cour* (Hof) stets *courtois* (höflich). Es galt für die *courtisans*, die Höflinge, mit feinen Manieren, eleganter Kleidung, gepflegter Konversation und galanten Briefen den zurückhaltenden, eitlen Damen zu gefallen. Sie wurden eben „hofiert". *L´art de plaire*, die Kunst zu gefallen, war facettenreich, die gesellschaftlichen Umgangsformen waren strengen Regeln unterworfen. Nach den Wirren des Dreißigjährigen Kriegs verbreitete sich die vornehme französische Hofetikette in ganz Europa.

Bei aller Beachtung gesellschaftlicher Konventionen war Langeweile, vor allem in adeligen Kreisen, verpönt. Nicht zufällig stammt das Adjektiv *galant* von dem altfranzösischen Verb *galer*, was „sich amüsieren" bedeutet.

Die berühmtesten französischen Künstler des 18. Jahrhunderts, Boucher, Fragonard und Watteau, waren Auftragsmaler im Dienste vermögender Mäzenen und erfüllten deren Wünsche und Gelüste. 1717 hielt Jean-Antoine

Watteau aus Valenciennes in seinen *Fêtes Galantes* (galante Feste) die Vergnügungssucht und Frivolität der *Hautevolee*, der privilegierten Reichen und Schönen seines Zeitalters, fest. Ein Meisterwerk des Malers, im Louvre zu sehen, heißt *Le Pèlerinage à l´Ile de Cythère*, wörtlich übersetzt: die Pilgerfahrt zur Insel Kythera. In diesem Gemälde kann von frommen Pilgern überhaupt nicht die Rede sein. Junge Männer und Frauen in schönen Gewändern, alle *gens de qualité*, feine Leute, warten sehnsüchtig in einer parkähnlichen idyllischen Landschaft auf ihre Einschiffung nach der Liebesinsel Kythera. Diese war der Ort, an dem die Liebesgöttin Afroditi der Sage nach aus dem Schaum des Meeres an Land gestiegen sein soll. Kythera verspricht der vornehmen Gesellschaft ungestörtes Zusammensein fern aller Konflikte und des Elends der Massen, ewiges Liebesglück und freie Liebe. Diese subtile Erotik wurde im 18. Jahrhundert sehr gut verstanden.

Hinter der makellosen Fassade der Galanterie verbergen sich auch manche verlogene Herzensbrecher, die bei ihren Opfern wesentlich mehr erreichen wollen, als ihnen nur aus dem Mantel zu helfen. Diese Doppeldeutigkeit der Galanterie ist das Hauptthema in Guy de Maupassants satirischem Roman Bel-Ami. Der „schöne Freund" ist ein mittelloser, ziemlich ungebildeter, dafür aber *skrupell*oser Journalist, der mit *„sa belle mine et sa tournure galante"*, seinem schönen Gesicht und seinen galanten Manieren, alle Register der Schmeichelei ziehen kann und damit Erfolg beim anderen Geschlecht hat. Ein Verführer, der sich nur aus eigensüchtigen Gründen charmant verhält. Duroys einziges Ziel ist der gesellschaftliche Aufstieg. Oben angelangt offenbart Bel-Ami das ganze Ausmaß seines Egozentrismus. Am Ende seines Romans schreibt Maupassant: *„L´église était pleine de monde... Il ne voyait personne. Il ne pensait qu´à lui."* (Die Kirche war vollbesetzt... Er sah niemanden. Er dachte nur an sich.). Eigenliebe ist nicht Liebe, *aimer*, lieben, ist nicht *faire l´amour*, Liebe machen, wie alle angeblichen *champions de l´amour* sagen. Solche waren die französischen Könige. Das Motto des Königs François Ier. lautete: *Tel est notre bon plaisir* (Denn das ist unser gnädiger Wille), wobei er mit „unser" „seiner" meinte. Der Lieblingskönig der Franzosen, Henri IV, hatte schätzungsweise an die fünfzig Mätressen. Die genaue Anzahl ist nicht bekannt, der vitale König selbst hatte den Überblick verloren. Wegen seiner unzähligen amourösen Abenteuer erhielt er den Beinamen *Le Vert-Galant*, (Der grüne Galant). Er sprach unsentimental und offen über seine ichbezogene Freizügigkeit: *„Je fais la guerre, je fais l´amour et je bâtis"* (Ich führe Kriege, ich „liebe" (hört sich besser an als „es mit jemandem treiben") und ich baue).

Der französische Philosoph François de la Rochefoucault, ein Menschenkenner, hatte den Unterschied zwischen selbstverliebter Galanterie und Liebe so formuliert: *„Ce qu´on trouve le moins dans la galanterie, c´est de l´amour"* (Was man in der Galanterie am wenigsten findet, ist Liebe). Aber was ist Liebe? Im 17. Jahrhundert hatte sich Madeleine de Scudéry mit zwischenmenschlichen Gefühlen auseinander gesetzt. Die *femme savante*, die gelehrte Frau, fand es äußerst schwierig, Liebe zu definieren: *„L´amour est un je ne sais quoi, qui vient de je ne sais où, et qui finit je ne sais comment."* (Liebe ist ein Ich-weiß-nicht-was, Ich-weiß-nicht-woher-sie-kommt, und Ich-weiß-nicht-wie-sie-endet.) Von diesem denkwürdigen Zitat ist in der französischen Sprache lediglich *un je ne sais quoi* übriggeblieben, um die echte Galanterie zu charakterisieren. Dieses selbstlose gewisse Etwas, das keine *Maske* braucht.

Etymologische Erläuterungen und weiterführende Hinweise

Kavalier: Aus gleichbedeutend frz. *cavalier* entlehnt.

Hautevolee: Von frz. *des gens de haute volée*, wörtlich „Leute von hohem Flug", also von hohem Rang.

Skrupel: Von frz. *scrupule* und lat. scrupulus (spitzes Steinchen).

Champion: Entlehnt aus altfrz. *champion*. Dieses stammt von lat. campus in der Bedeutung „Kampfplatz".

Maske: Von frz. *masque* und ital. maschera.

Madeleine de Scudéry (1607-1701): Sie hatte den längsten französischen Roman, Le Grand Cyrus, verfasst: zehn Bände und 13.095 Seiten! Bekannt ist sie vor allem durch ihre Beschreibung des *pays de Tendre* (Das Land der Zärtlichkeiten).

Grillagetorte

Eine ganz besondere niederrheinische Spezialität. Auch in sprachlicher Hinsicht.

Am Niederrhein sagt man „Grillaschtorte". In meinen französischen Ohren klingt das phonetisch nicht korrekt, aber es sei den Niederrheinern verziehen, denn an heißen Tagen schmeckt diese halb gefrorene süße Versuchung ganz vorzüglich.

Bekannt und beliebt ist die Grillagetorte vor allem im Kölner Raum und in einigen niederrheinischen Hochburgen wie Krefeld, Mönchengladbach und Viersen. Was den Begriff „Torte" betrifft, ist die sprachliche Verwandtschaft mit dem französischen Wort *tarte* (Obstkuchen) eindeutig, wobei die *tarte* selbst zweideutig ist. Es kann sich nämlich umgangssprachlich auch um eine Ohrfeige handeln. Der Prumetaat, scherzhaft „Rheinische Pizza" genannt, ist nichts anderes als *une tarte aux prunes*, eine Pflaumentorte. Über den Begriff *Grillage* streiten sich allerdings die Sprachexperten. Er ist nämlich ein französisches Wort und bezeichnet ein Drahtgitter bzw. ein Drahtgeflecht. Entstand „Grillage" während der Franzosenzeit (1794-1814), als die linksrheinischen Gebiete zu Frankreich gehörten? Kaum plausibel. Wahrscheinlicher ist die Interpretation, dass bei der Fertigung der Böden der Schichttorte eine grillähnliche Technik verwendet wird. Oder ist das Geburtsland des Wortes Österreich? Dort ist „Grillage" eine Bezeichnung für Krokant, ein Gebäck aus gebräunten Mandeln und karamellisiertem Zucker. Aus gutem etymologischen Grund ist ein Krokant knusprig (frz. *croustillant*), denn das Wort ist, genau wie „Krokette", eine Entlehnung aus dem Französischen *croquer* (knabbern).

Der Ursprung der Grillagetorte bleibt rätselhaft. 1908 soll der Krefelder Konditormeister Hermann Wilms die Kalorienbombe kreiert haben. Einen historischen Beleg dafür gibt es aber nicht. Früher durfte die niederrheinische

Spezialität an Festtagen und bei Familienfeiern nicht fehlen. Heute wird sie weniger gegessen. Deshalb hat der niederrheinische Konditor Heinz Lamers eine Aktion „Rettet die Grillagetorte!" gestartet und bietet gleichzeitig ein Grundrezept zur Herstellung der Baiserböden und zur Zubereitung der Torte an.

Eines der zahlreichen *Bonmots* des irischen Dramatikers Oscar Wilde lautete: „Ich kann allem widerstehen außer der Versuchung." Dieser Ansicht sind wir auch und freuen uns an heißen Sommertagen auf ein köstliches Stück Grillagetorte.

Etymologische Erläuterungen und weiterführende Hinweise

Baiser: Das deutsche Wort hat eine ganz andere Bedeutung. In der französischen Sprache ist *un baiser* ein Kuss. Das deutsche „Baiser" wird mit *meringue* übersetzt, weil die Baisers ursprünglich aus Meiringen im Berner Oberland kommen. Ein deutscher Tourist kann unter Umständen in einer französischen Bäckerei in eine peinliche Sprachfalle tappen! Siehe dazu die Wortgeschichte „Baiser" in Madame Baguette und Monsieur Filou, Magenta-Verlag.

Bonmot: Aus dem Französischen *bon mot* (wörtlich: „gutes Wort"). Gleiche Bedeutung. Bonmots waren eine Spezialität des geistreichen französischen Schriftstellers, Schauspielers und Regisseurs Sacha Guitry (1885-1957). Nur ein Beispiel: *„Dommage que pour aller au Paradis, il faille le faire en corbillard"*. Auf Deutsch: Das Fatale am Paradies ist: Man kann es nur im Leichenwagen erreichen. Guitry, ein Mann mit *Esprit*!

Die Initiative von Heinz Lamers: www.rettet-die-grillagetorte.de.

Grillagetorte von Markus Haberstroh

Konditormeister in Krefeld-Hüls | www.cafe-haberstroh.de

Zutaten für 16 Stück:
1 Mürbeteigboden, 28 cm Durchmesser
30 g Haselnüsse
80 g dunkle Schokolade
200 g Zucker
180 g Eiweiß
1.000 g Sahne
60 g Zucker

Für die Dekoration am Anfang etwas Späne von der Schokolade mit einem
Messer schaben. Den Rest Schokolade auflösen. Die Haselnüsse rösten und
anschließend mahlen. Das Eiweiß mit etwas Zucker schaumig rühren, den
Rest nach und nach zugeben bis die Masse sehr fest ist. Die Eiweißmasse für
2 Böden mit 28 cm Durchmesser und gut 2 cm Höhe auf Backpapier
aufstreichen. Zum Schluss die beiden Böden mit 1/3 der gemahlenen
Haselnüsse bestreuen und leicht unterstreichen. In den auf 130 Grad
vorgeheizten Ofen schieben und langsam trocknen lassen bis sie ganz
durchgetrocknet sind. Mit der Schokolade den Mürbeteigboden dünn
bestreichen, die kalten Baiserböden auch mit Schokolade bestreichen, einen
Boden davon von beiden Seiten bestreichen. 750 g Sahne mit 40 g Zucker
aufschlagen. Die restlichen Haselnüsse unter die Sahne rühren. Die Hälfte der
Sahne auf den Mürbeteig streichen und den doppelt bestrichenen Baiserboden
auflegen. Die restliche Sahne aufstreichen und den Baiserboden mit der
bestrichenen Seite nach unten auflegen. Die Torte für 2-3 Stunden in die
Tiefkühltruhe stellen. Die restliche Sahne aufschlagen, die Torte einstreichen,
in 16 Stücke einteilen und mit einem kleinen scharfen Messer vor-, aber nicht
ganz durchschneiden. Mit einem Spritzbeutel Rosetten aufspritzen und die
Schokospäne in die Mitte aufstreuen. Jetzt die Torte fertigfrieren.

Genießen Sie diese niederrheinische Spezialität!

In die Puschen kommen

Sie fühlen sich schlapp, antriebsarm, lustlos, möchten am liebsten nicht aufstehen, kommen einfach nicht in die Gänge, lassen sich reichlich Zeit, die unliebsame Arbeit kann warten. Kurzum: die Trägheit hat gesiegt, und Sie kommen redensartlich nicht in die Puschen.

Puschen sind in Norddeutschland bequeme, wärmende Hausschuhe. Ursprünglich hat sich das Wort von Persien aus über die Türkei bis nach Europa verbreitet. Das persische Wort papus setzt sich aus pa (Fuß) und pus (bedecken) zusammen und ist als *babouche* ins Französische übergangen.

Babuschen sind handgefertigte, spitze Schlappenschuhe mit einer leicht bauchigen Form. In arabischen Ländern sind sie weit verbreitet. In Marokko etwa tragen Männer traditionell einfache, lang haltbare gelbe Babuschen aus Leder. Andere Exemplare sind mit Stickereien reich verziert, denn die Araber legen Wert auf die Kunst der Anfertigung von Babuschen.

Nicht nur sie. Seit dem ausgehenden Mittelalter ist das sächsische Städtchen Groitzsch für das Schuhmacherhandwerk bekannt. Die Groitzscher Schumacher waren Meister der Verarbeitung von Pantoffeln aus weichen *Stoffen*. Diese Pantoffeln nannten sie Babuschen; sie waren auf der Leipziger Messe sehr begehrt. Wer kennt heute noch diese „Pantoffelhelden" aus Sachsen?

Etymologische Erläuterungen und weitere Hinweise

Pantoffel: Die Wortherkunft ist nicht sicher gedeutet. Vermutlich gegen Ende des 15. Jahrhunderts eine Entlehnung aus dem frz. *pantoufle* bzw. aus ital. pantofola.

Stoff: Von frz. *étoffe* und altfrz. *estoffe*.

Im Königreich Marokko leben 32 Millionen Menschen, darunter 60.000 Ausländer. Die Hälfte davon sind Franzosen. Von 1912 bis zur Unabhängigkeit des Landes im Jahre 1956 war Marokko ein französisches Protektorat. Am 30. März 1912 hatte der amtierende Sultan in Fès den Protektoratsvertrag mit Frankreich unterzeichnet. Durch den Vertrag von Fès hatte Marokko offiziell seine Unabhängigkeit verloren, was zu Protesten und Aufständen der marokkanischen Bevölkerung geführt hatte. Die Politik Frankreichs in Marokko war eine Politik der Kontrolle. Die vorhandenen Strukturen wurden zwar nicht zerschlagen, jedoch besetzten Franzosen entscheidende Positionen in Verwaltung, Wirtschaft, Bankwesen, Handel und Politik. Französische Schulen wurden gegründet. Die nach Marokko gekommenen Franzosen erwarben Agrarland zu sehr günstigen Bedingungen, sorgten aber auch für eine moderne Infrastruktur des Landes. Unter Mohammed V. (1927-1961) stand Marokko auf Seiten Frankreichs im Zweiten Weltkrieg.

Französisch wird immer noch im gesamten Land als Handels-, Bildungs- und zweite Amtssprache benutzt. Das Englische gewinnt allerdings bei der gebildeten Jugend immer mehr an Bedeutung. Heute suchen sich über 9 Millionen Menschen jährlich Marokko als Urlaubsziel aus. Eine Hochburg des Tourismus, der wichtigsten Einnahmenquelle des Landes, ist Marrakesch. Dort besuchen jedes Jahr an die 600.000 Menschen *le Jardin de Majorelle*, eine wunderschöne Gartenanlage, die nach dem französischen Maler Jacques Majorelle (1886-1962) genannt wurde. Das verstorbene Modegenie Yves Saint Laurent war ein großer Mäzen. Seine Asche wurde im Garten seiner prachtvollen Villa in Marrakesch verstreut.
Nähere Informationen über Marokko unter www.marokko.tourismus.de und www.marokko.info. Siehe auch www.frankophonie.org.

Jargon

Was für ein Kauderwelsch! Jargon gibt es in den meisten Branchen und in allen Variationen: Computerjargon, Militärjargon, Sportlerjargon, Berliner Jargon mit zahlreichen französischen Wörtern etc., aber das Wort stammt ursprünglich aus einem einzigen Land, und zwar aus dem mittelalterlichen Frankreich.

Um 1180 verwendet die Dichterin Marie de France in ihren *Fables* (Fabeln) das Wort *gargun* in der Bedeutung von *gazouillement des oiseaux* (Vogelgezwitscher). Ein Jahrhundert später ist das *gargon* die Geheimsprache der Bettler und Gauner, das Argot. Und dieses hat wiederum viele *Facetten*. Es gibt sogar das Metzger-Argot Loucherbème und die Jugendsprache Verlan. Hier wird die Reihenfolge der Silben umgekehrt. Und so mutiert z. B. *la femme* zum unschönen *meuf*.

Interessant ist das französische Verb *jargonner*, denn es hat eine doppelte Bedeutung. Die erste ist *banal*, die Benutzung des Jargons, die zweite viel interessanter: der französische Gänserich, *le jars*, schreit nicht, sondern er *jargonne*. Sprachlich betrachtet viel schöner, aber leider mit gleichem Ergebnis.

Keine gute Entwicklung des Wortes seit dem melodischen Vogelgezwitscher von Marie de France!

Etymologische Erläuterungen und weitere Hinweise

Facetten: Von gleichbedeutend frz. *facette*, einer Verkleinerung von frz. *face* (Außenfläche).

Banal: Von frz. *banal* und altfrz. *ban* (Gerichtsbezirk). Das Adjektiv bezeichnete Dinge, die den Personen, die in einem bestimmten Bezirk lebten, gemeinsam gehörten. Die ursprüngliche Bedeutung war also „gemeinnützig". Es entstand eine Bedeutungsverschlechterung.

Im modernen Französisch bezeichnet der Begriff *argot* die einfache, ausdrucksstarke Umgangssprache. „Betrunken sein" wird z. B. mit *beurré* („gebuttert"), „Fallen" mit *se casser la gueule* („sich die Fresse brechen") übersetzt. Solche Ausdrücke versteht jeder Franzose. Der Begriff hat also eine Bedeutungsverschiebung erfahren, denn das ursprüngliche Argot entstand in Frankreich vor ca. 700 Jahren und war, analog zum Rotwelschen im deutschen Sprachraum, eine geheime Sprache, die nur von Eingeweihten, nämlich kriminellen Banden und Bettlern, verstanden werden konnte. Im Altfranzösischen bedeutete *argoter* Betteln. Im Übrigen waren die Bettler und Gauner in einer Art *corporation des gueux*, einer Zunft der Bettler, gut organisiert. Hauptquartier waren mehrere geheime Orte in Paris, sogenannte *Cours des Miracles*, Höfe der Wunder. Warum „Wunder"? Am Abend verwandelten sich die bettelnden Krüppel der Stadt, darunter viele Simulanten, wunderbarerweise in völlig gesunde Menschen. Lesenswert ist nach wie vor der 1831 erschienene historische Roman von Victor Hugo, Der Glöckner von Notre-Dame, dessen Originaltitel *Notre-Dame de Paris* lautet.

Kappes

In Frankreich werden Babys nicht vom Storch gebracht, sondern in den Kohlköpfen geboren. *Les enfants naissent dans les choux.* Die Kohlköpfe sind allerdings nur für die Jungen gedacht, Mädchen werden ganz romantisch in Rosen geboren. Eine niedliche Legende und von Erwachsenen absichtlich erfunden - „alles Kappes" also Unfug, dummes Zeug, denn so konnten im prüden 19. Jahrhundert verlegene Eltern direkte Fragen ihrer Kinder zur Sexualität umgehen. Diese wurden sozusagen „verkohlt".

Seit der Antike ist Kohl ein Symbol für Fruchtbarkeit. Jungverheirateten servierte man vor der Hochzeitsnacht eine Kohlsuppe. Im Französischen wurde aus dem Gemüse ein Kosewort. *Mon petit chou* bedeutet „mein kleiner Liebling" und *un petit bout de chou* bezeichnet ein Baby. Durch die Verdoppelung des Wortes entstand der *chouchou*, des Lehrers Liebling, und manche Eltern *chouchoutent*, verwöhnen ihre Sprösslinge.

Bis an die niederländische Grenze erstreckt sich das fruchtbare niederrheinische Tiefland. An neblig-trüben Tagen im Spätherbst legt sich ein Schleier der Melancholie über die weiten Felder. Wie zur Salzsäule erstarrt und doch hellwach, wartet der befrackte Graureiher auf Beute. Hier und dort zieht ein Bussard seine Kreise, plötzlich zerreißen Zugvögel den milchigen Himmel, ein scharfer Wind entledigt wehrlose, knorrige Kopfweiden ihres Laubes. Arme Struwwelpeter! Sie werden bald frieren. In Reih und Glied wartet ein Heer von heimischen Kohlarten darauf, von hart arbeitenden Landwirten geköpft zu werden. Bereits Anfang November kann Frost einsetzen, das Wetter kennt kein *Pardon* mit Kohlköpfen. Höchste Zeit, die Ernte einzufahren.

Die beliebteste Kohlsorte ist der *chou blanc*, der preisgünstige Weißkohl. Kalorienarm aber vitaminreich, enthält er viele Ballaststoffe. Der vor allem im Rheinland und im Ruhrgebiet geläufige Begriff „Kappes" ist eine

umgangssprachliche Bezeichnung für den Weißkohl und im übertragenen
Sinne eine Bezeichnung für Unsinn und Durcheinander. Das Wort stammt
ursprünglich aus dem mittellateinischen „caputium" (Kohlkopf) und „caput"
(Kopf). Frappierend ist die sprachliche Verwandtschaft zwischen „Kappes"
und seinem französischen *pendant*, dem rundförmigen *cabus*. Der *cabus
pointu*, der Spitzkohl, wird aufgrund seiner besonderen Form, auch *chou cœur
de bœuf* (Rinderherz-Kohl) genannt. Weil der *chou frisé*, der Wirsing, zuerst
in der Lombardei angebaut wurde, wird er ins Französische auch mit *chou
de Milan* (Mailänder Kohl) übersetzt. Der Kölsche Begriff „Schavu" ist eine
Verballhornung von frz. *chou de Savoie* (Kohl aus Savoyen) und bezeichnet
ebenfalls den Wirsing.

Die meisten französischen Wörter haben bekanntlich eine lateinische
Sprachwurzel. Von daher ist das lateinische „caput" in einer Vielzahl von
anderen französischen Lehnwörtern in der deutschen Sprache wieder
erkennbar, wie zum Beispiel bei Kapitän, Kapital und Kapitel. Und wenn der
Vorgesetzte, der *Chef*, immer wieder betont, dass er die gesamte Verantwortung
trägt und für alle Fehler und Probleme seiner Mitarbeiter den Kopf hinhalten
muss, tut er es auch wörtlich. Das französische Wort *chef* stammt ebenfalls von
„caput".

Früher war der Weißkohl ein typisches, sättigendes „Arme-Leute-Essen".
Heute erlebt er eine kleine *Renaissance*, eine Wiedergeburt. Es gibt eine Fülle
von schmackhaften Kohlrezepten. Würzige Kohl*rouladen* findet man in allen
Variationen, der Jägerkohl ist eine beliebte niederrheinische Spezialität.

Im „Kappesland" Niederrhein und in anderen Teilen Nordrhein-Westfalens
wird der Kohl gewürdigt. In Serm, im Duisburger Süden, heißt der
Karnevalszug am Tag vor Rosenmontag „Kappeszug". In Rheindahlen
bei Mönchengladbach wird jedes Jahr ein „Kappesfest" mit Kohlessen,
Marktständen und Musik, gefeiert. Am letzten Wochenende im April kommen
bis zu 50.000 Besucher zum „Kappesfest" in Raesfeld. Begrüßt werden sie von
der „Kappeskönigin", und ein „Kappesball" rundet ein buntes Programm ab.

Etymologische Erläuterungen und weiterführende Hinweise

Gut zu wissen: Rotkohl = *Chou rouge*, Grünkohl = *Chou vert*, Kohlrabi = *Chou-rave*. Rosenkohl wird aber mit *chou de Bruxelles* übersetzt, denn dieser kommt ursprünglich aus Belgien. Nützlich ist die Redewendung *C´est bête comme chou* (Es ist kinderleicht). Bizarr ist eine andere Redewendung. *Faire chou blanc*, wörtlich „Weißkohl machen". Sie bedeutet „es ist in die Hose gegangen". Vermutlich geht die Redewendung auf eine Verballhornung von *faire coup blanc* (beim Kegelspiel nicht treffen) in der französischen Region Berry, zurück. Im dortigen Dialekt wurde *coup* (Schlag) *chou* gesprochen. Besonders interessant ist das französische Wort *choucroute*, das auf den ersten Blick keinen Sinn ergibt. Das deutsche Wort „Sauerkraut" wanderte ins Elsaß aus und mutierte dort 1786 zu „surkrut". *Sur* ist ein seltenes Adjektiv in der französischen Sprache. Es bedeutet „sauer". Im Laufe der Zeit entstand durch eine doppelte Verballhornung das Wort *choucroute*.

Rouladen: Von frz. *roulade* und *rouler* (rollen).

Klosett

Die Kürze des einsilbigen Wortes deutet auf die Dringlichkeit des damit verbundenen „Geschäfts" hin.

Ehre, wem Ehre gebührt! Wer behauptet, „Klo" bzw. „Klosett" stamme aus dem Englischen, der irrt sich. Es ist und bleibt ein französisches Wort aus dem späten 14. Jahrhundert, das nach England auswanderte. Damals war ein *closet* in Frankreich eine kleine abgeschlossene Kammer. Das Wort ist eine Ableitung von *clos* (geschlossen) sowie von dem lateinischen „clausum" (geschlossen).

Not macht erfinderisch, Notdurft macht besonders erfinderisch. Gegen Ende des 16. Jahrhunderts erfand der Engländer John Harington ein hochkompliziertes Klappklosett mit Wasserspülung. Es gefiel lediglich Königin Elisabeth I., und so macht man keine Geschäfte.

Indessen blieben die hygienischen Verhältnisse in Frankreich im 17. Jahrhundert katastrophal. Alles wurde auf die Straße gekippt, die *Passanten* empfanden manche „Dusche" als sehr unangenehm. Im Schloss Versailles lebten an die 5.000 Personen. Hinzu kam das „gemeine Volk", das bei seinen Besuchen Urin und Fäkalien in den Gängen oder hinter Vorhängen hinterließ. Um den entsetzlichen Geruch zu überdecken, benutzte man Parfüms oder Puder. Bloß kein Wasser! Dieses wurde verdächtigt, Krankheitserreger zu transportieren. Selbstverständlich war Ludwig XIV. privilegiert, sich hinzuhocken kam für den Sonnenkönig nicht in Frage. Also saß er auf seinem edlen „Thrönchen", der *chaise percée* (ein Stuhl mit einem Loch in der Mitte) und entledigte sich völlig ungeniert vor allen anwesenden Würdenträgern seiner Notdurft. Defäkieren als Spektakel! Zur Säuberung des Allerwertesten verwendete er flauschige Schafwolle oder ein Seidentuch. *Noblesse oblige!* Für das Volk gab es bloß Stroh oder Laub. Anschließend wurde der königliche Stuhlgang vom Ersten Arzt, Dr. Vallon, sorgfältig überprüft.

Ehre, wem Ehre gebührt! Bahnbrechend war 1775 die Erfindung des
schottischen Uhrmachers Alexander Cumming. Mit einem S-förmigen
Abflussrohr entwickelte er das Wasserklosett von Harington, und dank des
eingebauten Siphons drangen lästige Gerüche fortan nicht mehr nach außen.
Cummings Erfindung wurde patentiert, aus dem water-closet wurde das
bekannte Acronym W.C.. Aus den beiden englischen Worten machten die nicht
gerade sprachbegabten Franzosen *ouaters* und *vécés*.

Im 18. Jahrhundert holte Frankreich auf. 1770 ließ der *Lieutenant général de la
police* Sartine sogenannte *barils d´aisance*, „Abtritt-Fässer", in Paris errichten.
1834 griff der rührige Seine-Präfekt Graf Claude-Philibert de Rambuteau ein.
Getreu seinem Motto „*De l´eau, de l´air, de l´ombre*" („Wasser, Luft, Schatten")
modernisierte er die Hauptstadt und ließ 478 Bedürfnisanstalten auf den
Pariser Bürgersteigen installieren. Diese nannte er „*colonnes vespasiennes*"
(„Säulen des Kaisers Vespasian"), eine elegante Bezeichnung für das, was
im Volksmund *pissotières* hieß. Die „Säulen" waren ein beliebter Treffpunkt
der Homosexuellen. Das Wort *pissotière* klingt genau wie „Pissoir", bedeutet
allerdings ursprünglich nichts anderes als ein *petit jet d´eau d´une fontaine* (ein
kleiner Strahl aus einer Fontäne). Vor dem Gefängnis *La Santé* (die Gesundheit,
sic!) in Paris trotzt noch heute die letzte *vespasienne* dem Fortschritt. 1980
wurden die übrigen Säulen durch die modernen, hermetisch geschlossenen und
geruchslosen *sanisettes* ersetzt, die auch von Frauen benutzt werden können.
Zarte Musikbeschallung – Haendels Wasserspiele? – und selbstreinigende
Klosschüsseln haben natürlich ihren Preis. Kaiser Vespasian hatte mit seiner
Steuer auf Bedürfnisanstalten Recht: „Pecunia non olet"(Geld stinkt nicht!).
L´argent n´a pas d´odeur!

Apropos Geld: Groß im Geschäft, gerade zu Messezeiten in Frankfurt,
waren die Abtritt-Anbieterinnen und die sogenannten Pelerinenmänner. Es
waren bis Mitte des 19. Jahrhunderts mobile Toilettendienstleister, die mit
einem weit ausgeschnittenen Umhang, einer *Pelerine*, und einem Eimer den
Reisenden halfen. Wer ein dringendes Bedürfnis spürte, konnte sich unter die
Pelerine begeben. Ebenfalls im 19. Jahrhundert wurden in Berlin öffentliche
Bedürfnisanstalten errichtet. Bekanntlich sind die Berliner bei der Erfindung
von Spitznamen Spitze. Sie nannten ihre öffentlichen *Toiletten* „Café Achteck".

30 Exemplare sind übrig geblieben, wurden restauriert und sind bis heute im Betrieb. Denkmalschutz *à la berlinoise!*

Es ist nicht schön, wenn die Franzosen *chiottes* (von *chier*, „scheißen") und *Dame pipi* statt *le petit coin* (die kleine Ecke) und *préposée aux toilettes* (Toilettenbedienstete) sagen. Altmodisch und viel schöner klingen *lieu d´aisances* (Ort, wo man sich wohl fühlt) und der lateinische Ausdruck „locus necessitatis" (Ort der Notwendigkeit).

Manche „Klofrau" leistet Erstaunliches. 1990 konnte in Deutschland Harriet Bruce-Annan ihren Beruf als Programmiererin nicht ausüben. Als Toilettenfrau sammelte sie Geld, um mit ihrem Verein „African Angel" die Kinderarmut in Ghana zu bekämpfen. Sie erhielt das Bundesverdienstkreuz. *Chapeau!*

Etymologische Erläuterungen und weiterführende Hinweise

Passanten: Von frz. *passant* (Fußgänger, Vorübergehender) und lat. passus (Schritt).

Noblesse oblige: Frz. für „Adel verpflichtet". Das geflügelte Wort geht auf den Adligen und Politiker Pierre Duc de Lévis (1764-1830) zurück. Es ist in seinem 1808 erschienenen Buch *Maximes et réflexions sur la noblesse* zu lesen.

Pelerine: Von frz. *pèlerine* (Umhang) und von frz. *pèlerin* (Pilger).

Toiletten: Von frz. *toile* (Tuch). Im 16. Jahrhundert in Frankreich wurde auf den Frisiertisch ein kleines Tuch gebreitet. Man legte darauf Waschzeug und Gegenstände zur Haarpflege. Damals wurde Wasser nicht verwendet. Zu gefährlich! Die *toilette sèche*, die „trockene Toilette" mit Puder und Parfüm war üblich. Im 18. Jahrhundert badete, wer sich diesen Luxus leisten konnte, wie z. B. Marie-Antoinette in Versailles. Sie nahm fast täglich ein Bad, natürlich nicht nackt. Die Königin trug *une chemise de baignoire* (ein „Badewannen-Hemd").

Auf die Toilette gehen = *Aller aux toilettes.*

Kokette Kokotte

Edouard Manet, einer der berühmtesten Wegbereiter der modernen Malerei, hatte Künstlerpech.

In den Augen der Juroren des Pariser *Salons*, im 19. Jahrhundert die bedeutendste Kunstausstellung in Frankreich, war Nacktheit an sich nicht anstößig, solange Frauen als Göttinnen oder Nymphen idealisiert und weitgehend „entsexualisiert" wurden.

Auf Manets Gemälden *Le Petit Déjeuner sur l´herbe* (Das Frühstück im Grünen) und *Olympia* ist sein Lieblingsmodell Victorine Meurent, ein armes, ungebildetes Mädchen, im Evaskostüm zu sehen. Als der Maler diese unkonventionellen Werke der konservativen Jury des Pariser *Salons* anbot, wurden sie prompt abgewiesen. Manet durfte nur im *Salon des Refusés*, im Salon der Zurückgewiesenen, ausstellen und musste sogar dort die empörten Reaktionen des *prüden* bürgerlichen Publikums über sich ergehen lassen. Künstlerpech!

1877 wurde Manets „Nana" ebenfalls abgelehnt. Dem Künstler platzte der Kragen. Frustriert soll er gesagt haben: *„Une belle femme en deshabillé, c´est interdit!"* (Eine hübsche Frau in *Dessous*, das ist verboten!). Manets Modell, Henriette Hauser, eine Schauspielerin am *Boulevard*theater, wurde tatsächlich nicht nackt dargestellt, und dennoch provozierte „Nana" einen Skandal. Das Ölgemälde, in der Hamburger Kunsthalle zu sehen, ist ein Sittenbild. Es zeigt eine *Boudoir*-Szene. Eine kokette junge Frau schaut selbstbewusst und herausfordernd den Betrachter, der zum *Voyeur* wird, an, und verführt ihn „mit den Waffen einer Frau". „Gefalle ich Dir?" scheint diese schöne *allumeuse* zu sagen. Nana trägt eine blaue *Corsage*, einen weißen Unterrock, blaue Strümpfe und hochhackige Schuhe. Sie ist dabei, sich für einen angenehmen Abend zurechtzumachen. Sie schminkt sich vor einem Frisierspiegel, hält in der

rechten Hand eine Puderquaste, in der linken einen Lippenstift. Auf der rechten
Seite des Gemäldes und quasi als Randfigur, wartet lässig sitzend ein Freier, ein
elegant gekleideter Herr der Pariser Oberschicht. Ein Stammkunde? Er kennt
das Ritual und hat Zeit (und Geld), schaut Nana nicht an, sie ihn übrigens auch
nicht, denn er ist austauschbar. Nicht er, sondern sie steht im Mittelpunkt.
Es ist lediglich ein Geschäft auf Gegenseitigkeit. Nana ist eine sogenannte
demi-mondaine, eine Halbweltdame, *une cocotte*, eine Kokotte, die sich aushalten
lässt. Vielleicht geht es ins feine *Restaurant*, dann ins Theater, und dann…
aber nur vielleicht, denn Nana wird nach Lust und Laune entscheiden. Wie
die Prostituierte Nana, die Romanfigur von Manets Freund und Unterstützer
Émile Zola. Nachdem sie dem Grafen Muffat gestanden hatte, dass sie mit
Foucarmont geschlafen hatte, schrie sie dem von diesem Eingeständnis
geschockten Muffat ins Gesicht: „*Mets bien dans ta caboche que j´entends être libre.
Quand un homme me plaît, je couche avec. Parfaitement, c´est comme ça. Si ça ne te
convient pas, tu vas me faire le plaisir de sortir…*" („Ramm dir das in den Kopf: Ich
möchte frei sein! Wenn ein Mann mir gefällt, gehe ich mit ihm ins Bett. Wenn
dir das nicht passt, kannst du mir den Gefallen tun zu gehen…").

Manet hatte Nana, den *Roman* von Zola, als *Feuilleton* gelesen. Auch das Kapitel
XI. von L´Assommoir (Der Totschläger) dürfte ihn inspiriert haben. „*Nana
grandissait, devenait garce. A quinze ans, … Nana se montrait très coquette… Dès le
matin, elle s´habillait, elle restait des heures en chemise devant le morceau de glace
accroché au-dessus de la commode…*" (Nana wuchs heran, wurde ein scharfes
Mädchen. Mit fünfzehn Jahren… zeigte sie, wie kokett sie war. Am Morgen,
wenn sie sich anzog, verbrachte sie Stunden im Unterhemd vor dem Spiegel,
der über der Kommode an der Wand hing").

Der Naturalist Zola bezeichnete sich nach eigenen Worten als *défenseur de la
réalité*, als Verfechter der Realität. Nach intensiven und genauen *Recherchen*
in allen *Milieus* beschrieb er möglichst alles wahrheitsgetreu. Sein Roman
„Nana" war bei Erscheinen ein Skandal. Der *Romancier* schilderte offen und
wortgewandt die Lasterhaftigkeit und Verlogenheit der Oberschicht sowie
eine gänzlich korrupte Gesellschaft, und wurde dafür heftig kritisiert. Zolas
Nana, eine *vulgäre* und schlechte Schauspielerin, tritt nackt auf der Bühne
auf und erregt somit Männerfantasien. Manets Nana verhält sich dezenter,

aber auch sie ist als *cocotte entretenue*, als ausgehaltene Kokotte, eindeutig zu erkennen. Eine unangepasste, unmoralische junge Frau, die sich weder häuslichen Arbeiten noch der Kindererziehung widmet. Reizvolle *Dessous*, ja, gesellschaftliches *Korsett*, nein.

Im 19. Jahrhundert hatte sich die treue Ehefrau gefälligst unterzuordnen und am Herd zu bleiben. Der gutsituierte Ernährer der bürgerlichen Familie durfte sich dagegen mit Prostituierten vergnügen. In Manets Gemälde wird käufliche Liebe nur angedeutet. Das reichte für einen handfesten *Skandal*.

Wer wie Manet und Zola die Doppelmoral der bürgerlichen Gesellschaft des 19. Jahrhunderts entlarvte, wurde deren Opfer. Auf eine unterschiedliche Art zeigten der Maler und der *Romancier*, enge Verbündete, die zeitgenössische Realität. Geschminkt und ungeschminkt.

Etymologische Erläuterungen und weiterführende Hinweise

Kokett und Kokotte sind wortstammverwandt. Im 15. Jahrhundert bezeichnete das französische Adjektiv *coquet* einen kleinen Hahn. Ein Jahrhundert später bedeutete *coqueter* „stolzieren wie ein Hahn." Eine kokette Frau verhält sich also „hahnenhaft", wie ein *coq* (Hahn). Merkwürdig, denn Koketterie ist spezifisch weiblich, aber etymologisch richtig. Das Wort „Kokotte" ist eine Entlehnung aus der französischen Kindersprache *cocotte* für *poule* (Huhn). Die *demi-mondaine*, die Halbweltdame des 19. Jahrhunderts, scherzhaft auch *grande horizontale* genannt, avancierte später umgangssprachlich zum *poule de luxe* (Edelprostituierte).

Prüde: Von frz. *prude*. Ursprünglich bedeutete dieses Adjektiv „ehrenhaft, wacker".

Nana: Im modernen Französisch und umgangssprachlich bezeichnet eine *nana* eine junge Frau. Nicht abwertend.

Boulevard: Der französische Begriff bezeichnet die breiten Straßen an der Stelle früherer Festungswälle. *Les Grands Boulevards*, die großen Boulevards in

Paris sind bekannt. Das Verdienst des Barons Hausmann, der um 1860 Präfekt von Paris war. Interessanterweise wurde das französische Wort ins Deutsche übernommen, obwohl die Herkunft des Wortes sowohl niederländisch (bolwerc) als auch deutsch (Bollwerk) ist.

Boudoir: Von frz. *bouder* (schmollen). Ursprünglich war ein Boudoir ein kleiner, elegant eingerichteter Raum. Dorthin konnte sich die Dame zurückziehen. Später bedeutete das Wort „Ankleidezimmer".

Voyeur: Von frz. *voyeur*, eigentlich „Zuschauer" und *voir* (sehen).

Dessous: Von frz. *dessous* (darunter).

Allumeuse: Wörtlich „Anzünderin", also eine Frau, die die Männer wild macht.

Feuilleton: Verkleinerung von frz. *feuille* (Blatt).

Recherche: Von frz. *recherche*, einer Ableitung von frz. *rechercher* (aufsuchen, erforschen) und frz. *chercher* (suchen).

Milieu: Von frz. *milieu* (Mitte).

Vulgär: Von frz. *vulgaire* und lat. vulgaris (gewöhnlich, niedrig).

Korsett: Von frz. *corset* und altfrz. *cors* (Körper).

Skandal: Von gleichbedeutend frz. *scandale* und ursprünglich griech. Skandalon (Fallstrick, Ärgernis).

Romancier: Seit dem 18. Jahrhundert von frz. *romancier* (Schriftsteller).

Leutnant

In den meisten Streitkräften heute die Bezeichnung für den niedrigsten *Rang* der Dienstgradgruppe der Offiziere.

1260 kam das damals bedeutungsschwangere Wort in Frankreich zur Welt. Es ist eine Zusammensetzung aus *lieu* (Ort) und *tenant* (haltend). Der Leutnant, also der Statthalter, bekleidete ein sehr wichtiges Amt. Als Stellvertreter des Königs war er der Verwalter für eine bestimmte Region.

An der Mündung der Seine in den Ärmelkanal, *La Manche*, liegt eine malerische Hafenstadt mit dem klangvollen Namen Honfleur. Klein, aber fein und ein Touristenmagnet. Berühmte Söhne des Städtchens sind Eugène Boudin, ein vorzüglicher Maler von Küstenlandschaften, und der Komponist Erik Satie. Es ist kein Zufall, dass Cézanne, Monet und Renoir nach Honfleur kamen und sich des Öfteren in der *Ferme* Saint-Siméon trafen. Ein Bauernhof und heute ein stillvolles Hotel. Attraktiv ist Honfleur mit seinen schmalen, sechsstöckigen hohen Häusern, dem Eugène-Boudin-Museum und zahlreichen Kunstgalerien.

Eine Besonderheit stellt die *Lieutenance* dar, ein altes Gebäude am *Vieux Bassin* (Altes Becken). Es war der Sitz des königlichen Statthalters. Ein gleichnamiges *Restaurant* befindet sich auf dem *Place Sainte-Catherine*. Und in den *Restaurants* werden Fischspezialitäten serviert, u. a. *la choucroute de poissons*, verschiedene Fische mit Sauerkraut. Ein kulinarischer Beitrag zur deutsch-französischen Verständigung!

Etymologische Erläuterungen und weitere Hinweise

Rang: Von frz. *rang* (Reihe, Ordnung) und von altfrz. *renc*, einer Bezeichnung für Zuschauerreihen bei Kampfspielen.

Restaurant: Von frz. *restaurant* (wiederherstellend).

Die deutsche Militärsprache enthält viele Wörter französischen Ursprungs, die im 17. und im 18. Jahrhundert nach Deutschland auswanderten, wie z. B. „Kolonne", aus frz. *colonne* (Säule; senkrechte Reihe; Marschformation), „Kapitän", aus frz. *capitaine* und ursprünglich lat. caput (Kopf), oder aber auch „Kommandant", aus frz. *commandant* (befehlend). Die Bezeichnung „Brigade" für eine größere Truppenabteilung ist in beiden Sprachen gleichbedeutend. Die Herkunft des französischen Wortes *brigade* geht auf das italienische „brigata" (streitbarer (Heeres-)Haufen) zurück. Heute gibt es eine eng kooperierende deutsch-französische Brigade, ganz im Sinne der deutsch-französischen Zusammenarbeit.

Besonders interessant ist der Ursprung der Wörter „Avantgarde", „Biwak", „Patrouille" und „(auf dem) Quivive". „Avantgarde" ist eine Zusammensetzung aus *avant* (vor) und *garde* (Wache). Es handelte sich um die Vorhut der Armee (*armée* = bewaffnet). Heute lebt das Wort nur noch im übertragenen Sinne als Bezeichnung für Avantgardisten, also Vorkämpfer einer Idee, einer Richtung etc.. „Biwak" ist eine Entlehnung aus frz. *bivouac*, was ursprünglich „Nachtwache" bedeutete. „Patrouille" ist eine Ableitung von frz. *patrouille*, *patrouiller* und *patouiller* (herumstampfen) und schließlich *patte* (Pfote). Die Soldaten haben also im Schlamm herumgetrampelt! Wer „auf dem Quivive" ist, bleibt sehr aufmerksam, ist auf der Hut. Bei suspekten Geräuschen riefen früher die Wachposten am Stadttor oder die Patrouille eines Heerlagers *„Qui vive?"* „Wer lebe da?" („Wer könnte da sein?").

Nähere Informationen über die kleine (8.125 Einwohner) aber reizvolle Stadt Honfleur, die Partnerstadt von Wörth am Main, unter <u>www.ot-honfleur.fr</u> (Office du Tourisme de Honfleur). Ein berühmter Sohn der Stadt war der Komponist Erik Satie (1866-1925), ein Vorreiter des Dadaismus und des Surrealismus.

Die Seine: Der 776 km lange Fluss entspringt in der Region Burgund und mündet bei Honfleur in den Ärmelkanal.

Magnolie

Wenn die Rose als Königin der Blumen gilt, ist die Magnolie, *le magnolia*, die Königin der Sträuche. Es gibt 230 Arten dieser Pflanzengattung, die ursprünglich aus Ostasien und Amerika stammt.

Eine blühende Tulpen-Magnolie oder eine duftende Stern-Magnolie zählen zum Schönsten, was die Pflanzenwelt im Frühling zu bieten hat. Leider ist die Anmut der weißen, zartrosa bis dunkelpurpurroten Blüten äußerst flüchtig. Nach zwei Wochen ist das verschwenderische Blütenfeuerwerk meist vorbei. Ein einziges Mal Spätfrost, und die entfaltete Pracht ist unwiderruflich *perdu*, verloren.

In Erinnerung bleiben wird allerdings Pierre Magnol. 1638 in der südfranzösischen Stadt Montpellier geboren, verbrachte er dort fast sein ganzes Leben - mit einer kurzen Unterbrechung im Jahr 1697, als er das Amt des *Directeur du Jardin des Plantes* in Paris bekleidete.

Montpellier ist eine der ältesten und größten Universitätsstädte in Frankreich. Seit eh und je genießt die Universität, insbesondere auf dem Gebiet der Medizin und der Naturwissenschaften, einen hervorragenden Ruf. Aus gutem Grund pflegen Heidelberg und Montpellier eine intensive Partnerschaft. In Heidelberg gibt es das *Maison de Montpellier* und in Montpellier *la Maison de Heidelberg*.

Mit 21 Jahren promovierte Pierre Magnol als Arzt. Er bevorzugte dennoch die Botanik. Als Protestant wurde er im intoleranten, streng katholischen Frankreich diskriminiert. Eine öffentliche Stelle wurde ihm verwehrt. Magnol hatte keine Wahl und konvertierte zum Katholizismus. 1687 bekam er so eine angesehene, gut dotierte Stelle als *Démonstrateur de plantes* im Botanischen Garten seiner Heimatstadt. Zehn Jahre später wurde er zum *Directeur du Jardin*

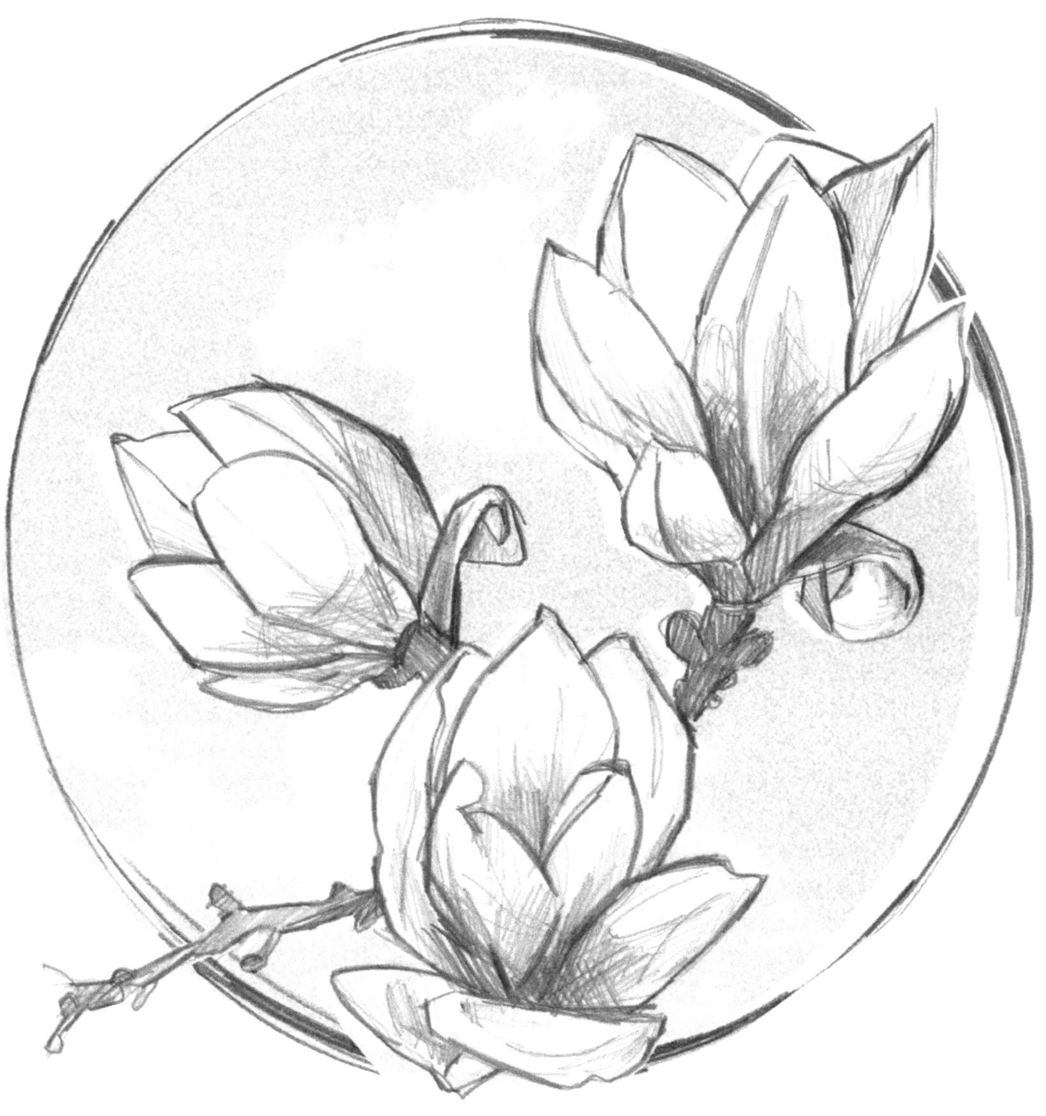

des Plantes in der Hauptstadt ernannt. 1709 wurde Magnol Mitglied der *Académie Royale des Sciences* in Paris, ging nach Montpellier zurück, wo er 1715 starb.

Pierre Magnol zu Ehren benannte der Mönch und Botaniker Charles Plumier die Pflanzengattung Magnolie. Plumier leistete auf seine Art einen Beitrag zur deutsch-französischen Verständigung, zumindest in sprachlicher Hinsicht. *Le fuchsia*, die Fuchsie, ist einer der wenigen Germanismen im Französischen. Der Name war Plumiers *Hommage* an den berühmten deutschen Kräuterarzt Leonhart Fuchs (1501-1566).

Etymologische Erläuterungen und weitere Hinweise

Hommage: Das Wort ist in der französischen Sprache männlich. Aus gutem Grund. Ursprünglich ist die Hommage eine reine Männersache, die auf eine feierliche Zeremonie im mittelalterlichen Frankreich zurückgeht. Feudalpächter oder Vasallen bekundeten ihre Lehnstreue gegenüber dem Lehnsherrn. Es handelte sich dabei um eine symbolische Bestätigung des Vasallenvertrages, der zwischen zwei freien Männern geschlossen worden war. Der Vasall versicherte dem Lehnsherrn, dessen „Mann" (frz. *homme*) zu sein. In der damaligen feudalen Gesellschaft galt das Wort. Die öffentliche Bekundung unter Zeugen war ebenso bindend wie ein schriftlicher Vertrag. Die Zeremonie wurde später häufig durch die Kirche geleitet und dabei dokumentiert. Bei Rechtsstreitigkeiten konnte die Kirche als zuverlässiger Zeuge auftreten, da sie als vertrauenswürdig angesehen wurde.

Nur 10 km vom Mittelmeer entfernt liegt die Großstadt Montpellier (265.000 Einwohner). Die Altstadt ist sehenswert. Montpellier (www.montpellier.fr) ist mit mehr als 60.000 Studenten eine der größten Studentenstädte Frankreichs. Bereits etwa im Jahr 980 gab es dort einen regen Austausch zwischen jüdischen, christlichen und muslimischen Kulturen im Bereich der Medizin. 1220 wurde in Montpellier die erste medizinische Fakultät Frankreichs gegründet.

La Maison de Heidelberg in Montpellier: www.maison-de-heidelberg.org
Das Maison de Montpellier in Heidelberg: www.montpellier-haus.de

Mamsell

„Mamsell" ist eine Verballhornung von *Mademoiselle*, einer Zusammensetzung aus *ma* (meine) und *demoiselle*. Im Frankreich des 13. Jahrhunderts hieß die *demoiselle damoiselle* und war eine junge ledige oder verheiratete Edeldame, das weibliche *Pendant* zum *damoiseau*, einem jungen adligen Schildknappen, der noch kein Ritter war. Die soziale Stellung der *damoiselle* war niedriger als die der Dame.

Während der Französischen Revolution mutierte das Wort *damoiselle* zu *demoiselle* und wurde, völlig unabhängig vom Adelsstatus, die allgemeine Bezeichnung für eine junge, unverheiratete Frau.

Das Wort *Mademoiselle* ist lateinischen Ursprungs. Es stammt von „domnicella", einer Verkleinerung von „domina" (Hausherrin). Selten hat ein an und für sich harmloses Wort so sehr die Gemüter erhitzt wie 2012 in Frankreich. In Deutschland ist der Gebrauch des Wortes „Fräulein" seit 1972 auf Behördenformularen Tabu. Deutsche Frauen reagieren beleidigt, wenn man sie „Fräulein" nennt. Französinnen hingegen sehen es differenziert. Einerseits gelang es, den Frauenrechtlerinnen von *Osez le féminisme!* (Wagt den Feminismus!) und von *Les chiennes de garde* (Die Wachhündinnen) den aus ihrer Sicht „sexistischen und diskriminierenden" Begriff *Mademoiselle* von Formularen von Behörden und Unternehmen zu verbannen. Andererseits gibt es immer noch jüngere und ältere Frauen, die die Anrede *Mademoiselle* keineswegs als herabwürdigend, sondern als ein Kompliment und ein Zeichen von Jugend empfinden, wie zum Beispiel Catherine Deneuve. Obwohl sie dreimal verheiratet war, besteht die 71-jährige Filmikone darauf, nur so angeredet zu werden. Die *demoiselle d´honneur* (Brautjungfer) ist ein gängiger Begriff im katholischen Frankreich. Ursprünglich war sie dazu da, böse Geister von der Braut abzulenken.

Im Nachbarland hatten lange Zeit nur die Herren der Schöpfung das Sagen.
Sogar in den Zeiten der Französischen Revolution wurden die Frauen als
citoyennes passives (passive Bürgerinnen) betrachtet und durften nicht wählen.
Erst im April 1945 erhielten die Französinnen das Wahlrecht. Schuld an der
Diskriminierung war auch Napoleon. Der 21. März 1804 markierte die Geburt
des *Code Napoléon*, der Grundlage des heutigen französischen *Code Civil*
(Bürgerliches Gesetzbuch), der bis 1900 in Deutschland Gültigkeit hatte. Der
Kaiser hatte ein sehr eigenwilliges Frauenverständnis. Im *Code Napoléon* steht
schwarz auf weiß: „*La femme est notre propriété. Nous ne sommes pas la sienne, car
elle nous donne des enfants et l´homme ne lui en donne pas. Elle est donc sa propriété
comme l´arbre fruitier est celle du jardinier.*" Auf Deutsch: Die Frau ist unser
Eigentum. Wir sind nicht das ihre, da sie uns Kinder gebärt und der Mann
ihr keine schenkt. Aus diesem Grund ist sie sein Eigentum wie der Obstbaum
des Gärtners ist. Somit stand die Frau lebenslang unter der Vormundschaft
des Mannes. Beim Ehebruch der Frau konnte ihr Mann sie ins Gefängnis
schicken. Ein Mann, der Ehebruch beging, musste lediglich eine Geldstrafe
zahlen. Der Zugang zu Universitäten wurde Frauen verwehrt. Der Zugang zum
Schlafzimmer des korsischstämmigen Kaisers natürlich nicht. Er hatte sogar
eine kurze *Affäre* mit der Schauspielerin Mademoiselle George.

Wörter sind reiselustig. Im 18. Jahrhundert wanderte *Mademoiselle* nach
Deutschland aus. Dort schrumpfte das Wort. Es überlebte nur der auf
Französisch unübersetzbare Begriff „Kaltmamsell" als Bezeichnung für eine
Angestellte, die in der Gastronomie und Hotellerie für kalte Speisen und *buffets*
verantwortlich war.

In Frankreich war eine gewisse geschäftstüchtige *Mademoiselle*, Coco Chanel,
mit verschiedenen Produkten sehr erfolgreich. Eines davon ist „Coco
Mademoiselle". Dieses gibt es nur für Sie, *Mesdames* und *Mesdemoiselles*,
als *Parfüm* und als *eau de toilette*.

Etymologische Erläuterungen und weiterführende Hinweise

Affäre: Von frz. *affaire*, einer Zusammenrückung aus frz. *avoir à faire*
(mit etwas zu tun haben).

Buffet: Ursprünglich bezeichnete das Wort einen Tisch oder eine Fleischbank.
Napoleon gilt als der Erfinder des Buffets. Siehe dazu die Wortgeschichte
„Buffet" in meinem Buch „Madame Baguette und Monsieur Filou- Amüsante
und spannende Wortgeschichten aus Frankreich", Magenta-Verlag.

Parfüm: Von frz. *parfum* und frz. *parfumer* (mit Duft erfüllen) und ursprünglich
lat. fumus (Rauch). Coco Chanel (1883-1971): Ihr Name war eigentlich Gabrielle
Bonheur Chasnel. „Mademoiselle" entstammte einem einfachen Milieu
und arbeitete zunächst als arme Näherin in der Provinzstadt Moulins. 1936
beschäftigte Coco Chanel 4.000 Angestellte in ihrem Modeimperium.
Während der deutschen Besatzung bezog sie 1940 eine *Suite* im luxuriösen
Hotel Ritz in Paris. Dort hatte sie eine Affäre mit dem *Attaché* der deutschen
Botschaft, Hans Günther von Dincklage. Nach dem Krieg wurde sie als
Kollaborateurin verhaftet und lebte in Lausanne im Schweizer Exil. Danach
ging sie nach Paris zurück und startete 1954 eine neue Kollektion.
Siehe dazu die Wortgeschichte „Parfüm" in meinem Buch „Madame Baguette
und Monsieur Filou- Amüsante und spannende Wortgeschichten aus
Frankreich", Magenta-Verlag.

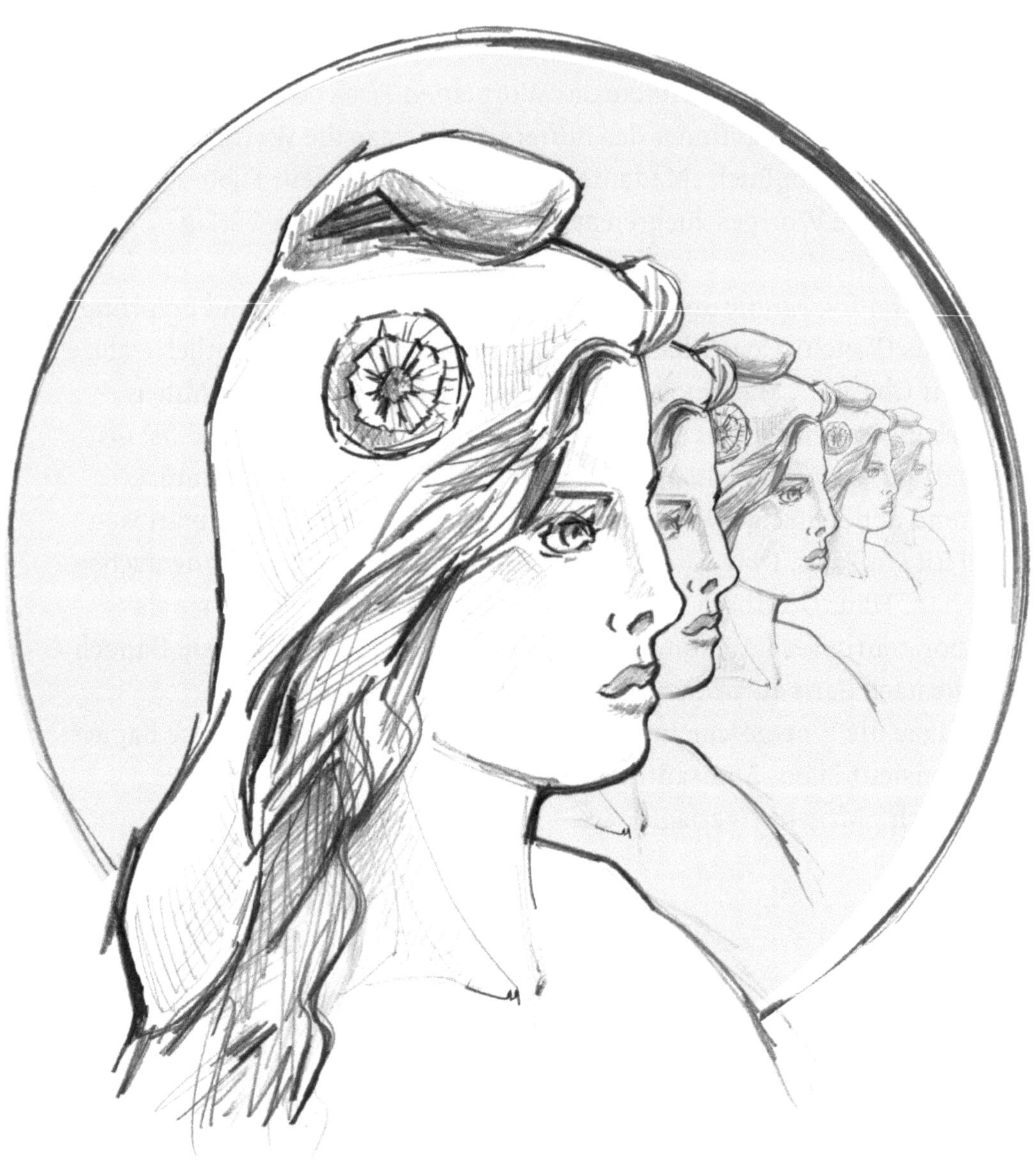

Marianne

Si dans l´intérieur d´un Etat vous n´entendez aucun conflit, on peut être sûr que la liberté n´y est pas.
Wenn man im Innern eines Staates nicht den Lärm irgendeiner Auseinandersetzung hört, dann kann man sicher sein, dass es in diesem Staat keine Freiheit gibt.
Montesquieu, französischer Aufklärer

Der deutsche Michel ist bieder und gutmütig, er trägt nicht nur eine Schlafmütze, sondern ist auch eine. Michel ist ordnungsliebend und anfällig für Obrigkeitsdenken. Nur ein *Klischee*?

Marianne, die weibliche Verkörperung der Französischen Republik, ist der radikale Gegenentwurf dazu. Die Uhren im Nachbarland ticken tatsächlich anders. Während sich in Deutschland der Bürger vieles gefallen lässt, und der gesellschaftliche Konsens stets gesucht und meist gefunden wird, gehen die aufmüpfigen Franzosen auf die Straße, sobald die Politiker, egal welcher *Couleur*, unliebsame Reformen durchführen wollen. Schneller als man denkt, kann landesweit eine explosive Situation entstehen. Um diese lange französische Tradition des Aufbegehrens gegen die Obrigkeit zu verstehen, lohnt sich ein Blick in die Vergangenheit.

Vor der Französischen Revolution von 1789 wurde Frankreich durch den König und durch die Allegorie Francia repräsentiert. 1792 änderte sich das schlagartig. Der Vorname Marianne, eine Zusammensetzung aus Marie und Anne, war im Volke weit verbreitet. Alsbald symbolisierte Marianne, die Anti-Royalistin, die Befreiung des Volkes von der Monarchie.

Wer kennt es nicht, das berühmte Ölgemälde von Eugène Delacroix, *La Liberté guidant le peuple* (Die Freiheit führt das Volk), das im Pariser Louvre zu

sehen ist? Delacroix' *Sujet* ist die Juli-Revolution von 1830. Frankreich ging
es wirtschaftlich sehr schlecht. Das Volk erhob sich gegen Charles X., der
die Pressezensur wieder einführen wollte. Am 25. Juli 1830 wurden in Paris
Barrikaden errichtet, es kam drei Tage lang zu blutigen Straßenkämpfen. In
beiden Lagern gab es tausende von Toten. Das Volk siegte, die Trikolore wurde
auf den Türmen von Notre-Dame gehisst, der König dankte ab.

Auf dem Gemälde von Delacroix steht eine Allegorie, die Freiheit, im
Mittelpunkt. Sie wird durch Marianne, eine todesmutige Frau aus dem Volke,
personifiziert. Mit entblößter Brust als Zeichen der Emanzipation steht sie
auf einer Barrikade und führt die Aufständischen an. Sie trägt die phrygische
Mütze, die Kopfbedeckung der befreiten Sklaven im antiken Rom. In der
rechten Hand hält sie die Trikolore, in der linken ein Bajonett. Zu ihren Füßen
liegen tote Soldaten. Ein Rückzug der Aufständischen ist ausgeschlossen, im
Kampf für die Freiheit geht es um Sieg oder Tod.

Am Ende der *Trois Glorieuses*, der „Drei Ruhmreichen Tage", obsiegte das Volk.
Seitdem ist Marianne als Nationalsymbol Frankreichs nicht wegzudenken.
Auch konservative Regierungen konnten sich mit der Figur anfreunden.
Marianne wurde nur anders dargestellt, nicht mehr aggressiv, sondern
mütterlich und fürsorglich.

Dali und Picasso haben Marianne gezeichnet. Auf Briefmarken und Münzen
wird sie abgebildet. Als Statue schmückt sie Plätze, u. a. die *Place de la Nation*
und die *Place de la République* in Paris. In den Ratshäusern des Landes befinden
sich Büsten der Marianne, mit den Gesichtszügen von attraktiven, bekannten
Schauspielerinnen wie Catherine Deneuve und Sophie Marceau. Als erstes
Modell posierte 1968 die Sex-Legende Brigitte Bardot. Alle vier Jahre wird ein
neues Modell gesucht. Ein politisches Magazin heißt *Marianne*.

Die Freiheit steht an erster Stelle des Mottos der Trikolore, weil sie so hart
erkämpft werden musste. Ein weltberühmtes Gedicht von Paul Eluard
heißt *Liberté*. Im Namen der Freiheit werden die Revolutionsideale „Liberté,
Egalité, Fraternité" in der *Werbebranche* für ganz andere Zwecke benutzt.

Die Werbestrategen der Zigarettenmarke „Gauloises" griffen auf den Slogan *Liberté toujours* (Immerwährende Freiheit) der französischen *Résistants* (Widerstandskämpfer) zurück. *Liberté* ist ein Parfüm von Cacharel, und Citroën erlaubte sich für den deutschen Markt sogar einen Kalauer für den Citroën C5. „Liberté, Egalité, Straßenlage" lautete der Werbespruch.
O tempora, o mores!

Etymologische Erläuterungen und weiterführende Hinweise

Klischee: Von frz. *cliché* (Abklatsch).

Couleur: Von frz. *couleur* (Farbe).

Sujet: Thema. Von frz. *sujet* (Subjekt).

Werbebranche: Branche ist eine Entlehnung aus frz. *branche* (Ast, Zweig).

Das Gemälde von Delacroix ist nicht mehr im Louvre-Lens (www.louvrelens.fr), sondern wieder im Pariser Louvre (www.louvre.de und www.louvre.fr) zu sehen.

O tempora, o mores! O (Was für) Zeiten, o (was für) Sitten! Der alte lateinische Ausspruch von Cicero beklagt den Verfall der Sitten.

Marode

Im heutigen Sinne bezieht sich dieses Adjektiv französischen Ursprungs
auf ein verfallenes, heruntergekommenes Bauwerk oder auf eine krankende
Wirtschaft.

Im mittelalterlichen Frankreich war ein *maraud* ein verachtungswürdiger
Mensch, ein Lump oder ein Vagabund, der keine Beachtung verdiente.
Während des Dreißigjährigen Kriegs verbreiteten *maraudeurs* und
Deserteure unter der ländlichen Bevölkerung Angst und Schrecken. Es waren
marschunfähige, halbverhungerte Soldaten, die dem Heer nicht mehr folgen
konnten oder wollten. Sie nahmen sich alles, was zu nehmen war: Lebensmittel,
Kleidung, Geld, Wertgegenstände, kurzum das ganze Hab und Gut ihrer
wehrlosen Opfer; gelegentlich auch deren Leben, nachdem sie sie erpresst und
gefoltert hatten. So schnell wie sie gekommen waren, verschwanden sie auch
wieder, unerkannt und unbestraft.

Der lothringische Meisterzeichner, Kupferstecher und Radierer Jacques Callot
aus Nancy kannte den Krieg aus eigener Erfahrung. In *La maraude*, einer
von achtzehn *eaux-fortes*, Radierungen der Reihe *Les Misères et les Malheurs de
la Guerre* (Die kleinen und großen Schrecken des Krieges), hielt er 1633 eine
Plünderungsszene mit marodierenden, herrenlosen Soldaten fest.

In Zentral- und Westfrankreich war ein *maraud* auch die dialektale
Bezeichnung für einen streunenden *chat en rut*, einen Kater in der sogenannten
saison des amours, der in der Brunstzeit nachts vagabundierte und herumtollte.
Kein besonders angenehmer Geselle!

Etymologische Erläuterungen und weiterführende Hinweise

Alle Radierungen von Jacques Callot (1592-1635) sind im
Stadtmuseum Münster (www.muenster.de/stadt/museum/) und im
Musée lorrain (www.musee-lorrain.nancy.fr) in Nancy, der Geburtsstadt des
Zeichners, zu sehen.

Deserteur: Von frz. *déserteur*. Ein uraltes Wort in der französischen Sprache.
Déserter bedeutete *abandonner* (aufgeben).

Misere: Eine direkte Entlehnung aus frz. *misère* (Elend) und lat. miser (elend).

Malheur: Von frz. *malheur* (Unglück), einer Zusammensetzung aus *mal*
(schlecht) und *heur* (Vorzeichen, Omen). Das Gegenteil ist *bonheur*. Es gibt im
Deutschen den Ausdruck *A la bonheur!* (Recht so! Es kommt wie gerufen.)

Nancy: Die Stadt der wunderschönen Plätze (*La place Stanislas, la place de la
Carrière*) und des Jugendstils. Die *Ecole de Nancy* (Lampen und Vasen von Daum,
Gallé, Möbel von Majorelle, etc.) ist berühmt. www.nancy.fr

Nippes

Wörter sind unermüdliche Wandergesellen.

Das deutsche Wort „Kitsch" gehört zu den wenigen Germanismen (z. B. Blockhaus, Boulevard, Ersatz, Leitmotiv etc.), die im 19. Jahrhundert nach Frankreich auswanderten und sich dort unübersetzt etablierten. Auch die Gartenzwerge, die *nains de jardin*, gehören dazu.

Abwertend äußern sich Franzosen über manche überladene Wohnungsdekoration mit *C´est d´un kitsch chez lui!* (Es ist dermaßen kitschig bei ihm!) - oder über bizarre Ausstellungsexponate mit der höchsten Steigerungsform von „Kitsch": *C´est kitschissime!*

Das französische Wort *nippes* dagegen überquerte sozusagen völlig zerlumpt den Rhein und blieb in Deutschland als eine Sonderform des Kitsches. *Nippe* ist eine Kurzform des altfranzösischen Wortes *guenipe*, ein Vorfahr der heutigen *guenilles*. Diese werden im Deutschen mit „Lumpen", „zerrissenen Kleidern" übersetzt. Wahrlich kein schöner Anblick; und deshalb entschied man sich dafür, mit diesem Wort lieber Vögel, Putten- bzw. Engelsfiguren aus Porzellan oder kleine Vasen ohne jegliche praktische Funktion zu bezeichnen. Diese bevölkern *en masse* Flohmärkte und An- und Verkaufläden, um auf sogenannten „Nipptischen" zu landen.

In der Konsumgesellschaft ist oft nur das Überflüssige notwendig. Man mag sich über diese treuen, stummen, nutzlosen Mitbewohner mokieren oder auch nicht. Bekanntlich liegen Schönheit und Geschmack im Auge des *sentimentalen*, sehnsüchtigen Betrachters.

Etymologische Erläuterungen und weiterführende Hinweise

Etre bien nippé (umgangssprachlich): In Schale sein. Das Gegenteil ist *être mal nippé*: Alte Klamotten anhaben.

Vase: Von frz. *le vase* (männlich!) und lat. vas (Gefäß). *La vase* = Der Schlamm.

En masse: Von frz. *en masse* und lat. massa (Klumpen, Teig).

Sentimental: Der Engländer und Schriftsteller Laurence Sterne war 1769 der Schöpfer („A Sentimental Journey through France and Italy") dieses Wortes. Dieses ist aber ursprünglich eine Entlehnung aus dem altfrz. Wort *sentement* (und nicht *sentiment*) in der Bedeutung von „Empfindung".

Köln-Nippes, ein „Veedel" mit *Flair*, ist ein lebendiger, linksrheinischer Stadtteil der Domstadt. Die Herkunft des Wortes wird allerdings nicht aus dem Französischen abgeleitet. „Nipp" bezieht sich ursprünglich auf einen durch die Gegend verlaufenden Rheinarm.

Parvenu

Wer den Sonnenkönig in den Schatten stellt, muss wissen was er tut.

Nicolas Fouquet stammt aus einer *famille aisée*, einer wohlhabenden
bürgerlichen Familie, welche die Nähe zu den Mächtigen sucht und findet.
Sein Vater war *Maître des Requêtes*, Requetenmeister, ein vortragender
Rat im französischen Staatsrat. Von einem glühenden Verlangen nach
gesellschaftlichem und politischem Aufstieg angetrieben, kauft auch Nicolas
Fouquet 1636 das Amt eines *Maître des Requêtes*. Er ist erst 21 Jahre alt. Und weil
sich mit Geld einiges erreichen lässt, erwirbt der junge Parlamentarier den
Landsitz Vaux.

Fouquets Weg nach oben scheint unaufhaltsam zu sein. Zwischen 1642
und 1650 folgen mehrere Intendantenposten, und das Jahr 1650 markiert
den ersten Höhepunkt seiner Karriere. Er wird zum *Procureur général*, zum
Generalstaatsanwalt ernannt und drei Jahre später sogar *Surintendant
des Finances*, Oberintendant der Finanzen. Standesgemäß heiratet er die
vermögende Marie Castille. Aber Fouquet will mehr. Nach dem Tod des
Kardinals Mazarin, der sich als *éminence grise*, als graue Eminenz, maßlos an
der Staatskasse bereichert hatte, will er dessen Amt als wichtigster Minister des
Königreichs erben. Solche ambitionierten Ziele missfallen dem jungen König
Ludwig XIV. Die Staatskassen sind nämlich leer.

Zur Einweihung seines neuen prunkvollen Schlosses in Vaux-Le-Vicomte
veranstaltet Fouquet am 17. August 1661 ein opulentes Fest, zu dem er den König
eingeladen hat. Als Mäzen fördert Fouquet Künstler und Literaten. Molière,
La Fontaine und Corneille sind anwesend, der Hofmaler und Dekorateur Le
Brun ebenfalls. Natürlich darf André Le Nôtre, der bewunderte Hofgärtner,
der die wunderschönen *jardins à la française* des Schlosses gestaltet hat,
nicht fehlen. Nur das Feinste ist für den *Surintendant des Finances* gut genug.

Der Sonnenkönig schaut sich um. Überall gibt es antike Statuen, teure Gemälde, erlesene Teppiche. Als das Festmahl mit unzähligen *Delikatessen* auf Goldtellern serviert wird, bringt das das Fass zum Überlaufen. Wie konnte dieser Emporkömmling so viele Reichtümer in solch kurzer Zeit ansammeln? Eine unerträgliche Demütigung für den dreiundzwanzigjährigen König, der nach dem Tod von Mazarin nicht die Absicht hat, seine Macht mit diesem schamlosen *parvenu* zu teilen. Für den Sonnenkönig hat Fouquet ein luxuriöses Schlafzimmer vorbereiten lassen. Es kommt zum *Eklat*. Der König verliert die *Contenance*, lehnt schroff ab und verlässt in *Rage* das Fest.

Drei Wochen später wird Fouquet von seinem neidischen Rivalen Jean-Baptiste Colbert wegen Veruntreuung öffentlicher Gelder denunziert und fällt einem *Komplott* zum Opfer. Er wird vom *Capitaine Lieutenant* der Musketiere, D´Artagnan, verhaftet und in einem vergitterten Wagen nach Paris gebracht.

Fouquets Prozess wird mit fragwürdigen Beweismitteln geführt und dauert drei Jahre. Gefälschte Rechnungen werden ihm vorgeworfen. In der Zwischenzeit lässt Ludwig XIV. in Fouquets Schloss buchstäblich alles beschlagnahmen: das gesamte Mobiliar, alle Gemälde und Skulpturen, die kostbaren Bücher der umfangreichen Bibliothek bis hin zu den Orangenbäumen der *Orangerie*. In Zeiten chronischen Geldmangels kann der König alles gebrauchen.

1664 wird Fouquet zu lebenslänglicher Verbannung verurteilt. Das reicht dem Sonnenkönig nicht. Er wandelt das Urteil in Festungshaft um. 1665 wird Nicolas Fouquet zur Festung Pignerol am Ende des Königreichs gebracht. Dort wird er bis zu seinem Tod 1680 in Gefangenschaft bleiben.

Seine Zelle hatte vier nackte Wände.

Etymologische Erläuterungen und weitere Hinweise

Parvenü: Emporkömmling. Von frz. *parvenu* (angekommen), dem 2. Partizip des Verbs *parvenir* (zu etwas gelangen).

Eklat: Von frz. *éclat* (Splitter) und *éclater* (bersten, krachen).

Delikatessen: Von frz. *délicat* (zart) und lat. delicatus (reizend, fein).

Contenance: Von frz. *contenance* (Selbstbeherrschung).

Rage: Von frz. *rage* (Tollwut).
Louis Pasteur (1822 - 1895) erfand den Impfstoff gegen die Tollwut.

Komplott: Von frz. gleichbedeutend *complot* und altfrz. *compeloter* („Zusammenknäueln"), einer Zusammensetzung aus com-*(avec)* und *pelote* (Spielball, Kugel). Im Baskenland wird *la pelote basque* gespielt.

Orangerie: Von frz. *orangerie*. Die Orangerie im Schloss Versailles gilt als die schönste Europas. Sie wurde von Hardouin-Mansart erbaut. Im 17. Jahrhundert waren Orangenbäume an Fürsten- und Königshöfen sehr begehrt. Orangen wurden verglichen mit den Goldenen Äpfeln der Hesperiden, die Herkules als eine seiner zwölf Heldentaten gestohlen hatte. Der Besitz von Orangenbäumen war ein Zeichen der Macht über die Natur. Im Winter werden in Versailles die etwa 1.055 Kübelbäume in den riesigen Orangerie-Hallen untergebracht.

Vaux-le-Vicomte (www.vaux-le-vicomte.com): Fouquets sehenswertes Schloss mit einem *jardin à la française* von André Le Nôtre liegt in Maincy im *Département* Seine-et-Marne.

Plakat

Weil Wörter wandlungsfähige Reisende ohne Grenzen sind, ist es nicht verwunderlich, dass „Plakat" sowohl niederländische als auch französische Sprachwurzeln hat. Der Begriff lässt sich bis zum mittelniederländischen „placken" (ankleben, flicken) ins 16. Jahrhundert zurückverfolgen. Es mutierte im Französischen zu *plaquer* (mörteln, furnieren), und später über das provenzalische *placa* (Platte, Täfelchen) zum modernen *placard* in der Bedeutung von „Anschlag" oder „Großanzeige". Zu guter Letzt wurde das Wort, über das neuniederländische „plakkaat", ins Standarddeutsch übernommen.

Seit 1889 existiert das Traditionsunternehmen Michelin mit Sitz in Clermont-Ferrand in der reizvollen Auvergne. Das Geschäft brummt, der Reifenhersteller ist weltweit erfolgreich. Das ist auch ein Verdienst des Michelin Männchens Bibendum, kurz Bib, einer Ikone der Werbegeschichte. Alles begann 1894 auf der Weltausstellung in Lyon. Als der *Ingenieur* Edouard Michelin einen Stapel Autoreifen verschiedener Größen, die in weiße Stoffhüllen verpackt waren, bemerkte, sagte er zu seinem Bruder André, der Maler war und ein *Atelier* in Paris hatte: „Wenn er Arme hätte, sähe er fast wie ein Mensch aus." Dann fiel André ein Plakat ein, das einen korpulenten Bayern mit der obligatorischen Maß Bier und dem lateinischen Trinkspruch „Nunc est bibendum!" (Jetzt lasst uns trinken!) darstellte. Eine Idee war geboren, und vier Jahre später ließen die kreativen Brüder, nach ihren Vorgaben, vom Zeichner O´Galop ein Plakat mit einem imposanten Reifenmann entwerfen. Auf dem Plakat hebt das Michelin Männchen, ein wulstiger Trunkenbold, eine mit Glassplittern und Nägeln gefüllte Champagnerschale hoch. In großen roten Buchstaben ist der Trinkspruch zu lesen: „NUNC EST BIBENDUM!!! *C´est-à-dire* (das heißt), *à votre santé* (zum Wohl) – *Le pneu Michelin boit l´obstacle* (Der Michelin Reifen schluckt das Hindernis)." Die füllige Werbefigur bestand seinerzeit aus 40 weißen Reifen – heute sind es nur noch 26. 1898 waren Autoreifen noch grau oder beige, schwarz wurden die Reifen erst 1912, als ihnen ein Kohleanteil zum Schutz beigemischt wurde. Anfang des 20. Jahrhunderts symbolisierte Bibendum Wohlstand, rauchte dicke Zigarren und trug einen Siegelring. Gezielt angesprochen wurden die wenigen Menschen, die sich ein Auto leisten konnten. Heute ist Bib nicht nur auf Autosalons anwesend, der Reifenmann begrüßt auch die Besucher des Michelin Museums in Karlsruhe.

Edouard und André Michelin gelang die Vermarktung anderer Produkte. Im Hotel- und Restaurantführer *Guide Michelin* steht Bibendum als Symbol für die Kritik. In der Kategorie *Bib Gourmand* sind Restaurants mit dem besten Preis-Leistungsverhältnis aufgeführt. Mercedes wirbt mit nur einem einzigen Stern, Michelin hingegen sogar mit drei für hervorragende Restaurants. Diese Höchstwertung erhielt 2014 das Restaurant „Überfahrt Christian Jürgens" in Rottach-Egern.

Viele Franzosen halten sich gerne für *gourmets* und mokieren sich über die kulinarischen Leistungen der Deutschen. Sie werden sich eines anderen belehren lassen müssen. 2014 erhielten elf Restaurants in Deutschland die begehrte 3-Sterne Auszeichnung. Von wegen nur Bier, Sauerkraut und Würstchen!

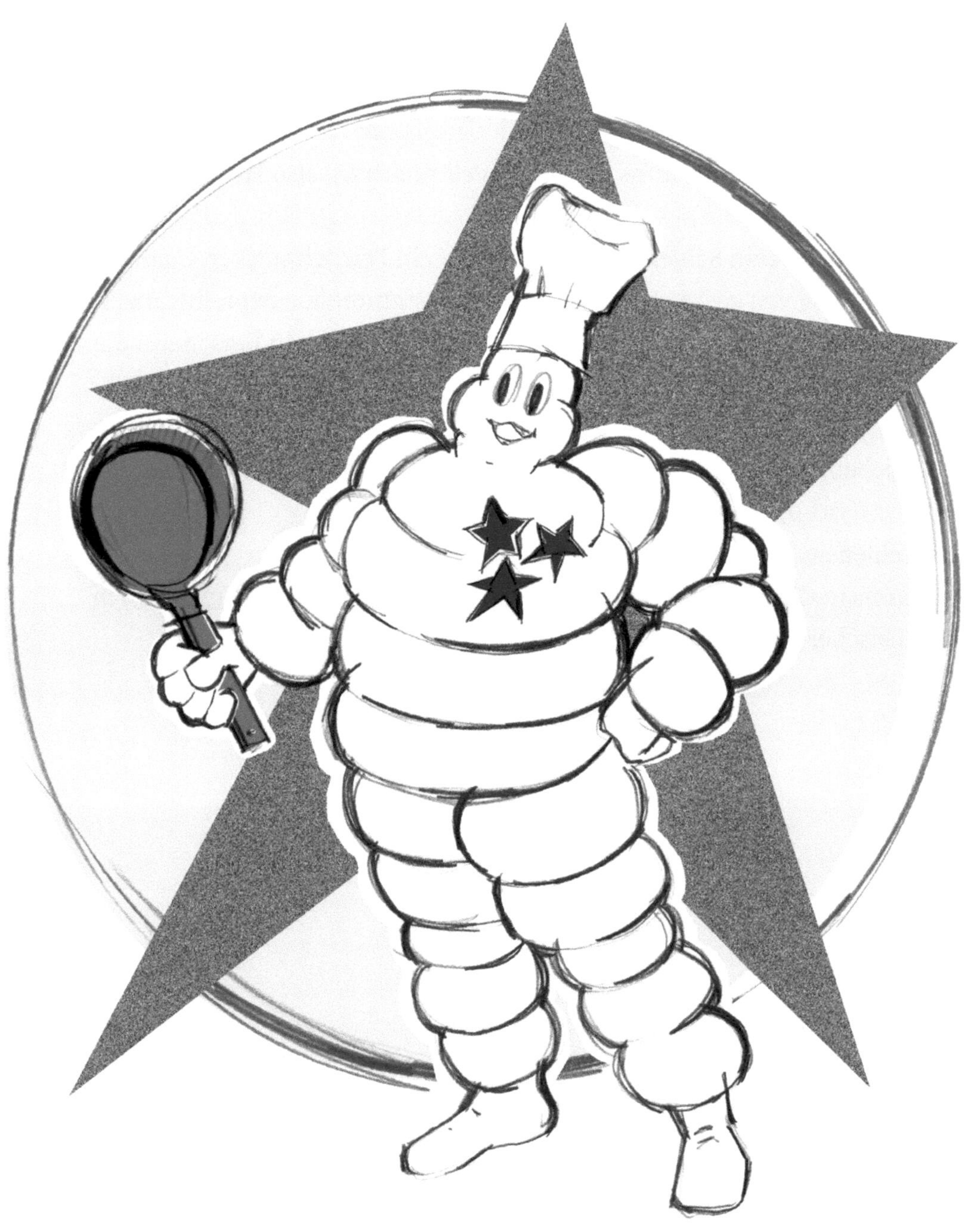

Etymologische Erläuterungen und weiterführende Hinweise

Ingenieur: Entlehnt aus ital. ingegnere (Kriegsbaumeister) und frz. *ingénieur*.

Atelier: Von frz. *atelier* (Werkstatt) und altfrz. *astelier*. Es bezeichnete die Werkstatt des Zimmermanns, wo viele *astelles* (altfrz.), also Holzspäne anfielen.

Der *gourmand* ist ein Schlemmer, der *gourmet* ein Feinschmecker. *Gourmand* ist eine Ableitung von *gourmet*. Das Wort *gourmet* stammt aus dem Altfranzösischen *gormet*. Es bezeichnete zunächst den Gehilfen des Weinhändlers, dann den Weinkenner und Feinschmecker.

Das Michelin Museum in Karlsruhe, Michelinstraße 4, 76185 Karlsruhe, Tel.: 0721/530-0, bietet Führungen für Kleingruppen an. Empfehlenswert ist auch der virtuelle Besuch des Museums in Clermont-Ferrand (www.clermont-ferrand-tourismus.de), in französischer Sprache unter www.laventuremichelin.com.

Plüsch

A mon ours en peluche.
An meinen Plüschbär.

Bonjour, Jo. Joyeux anniversaire! Herzlichen Glückwunsch zum Geburtstag!

In meinem Arbeitszimmer sitzt Du auf einem alten Schrank. *Amüsiert,* mit gutmütigen braunen Glasaugen, beobachtest Du mich beim Schreiben und leistest mir Gesellschaft. Schreiben ist eine einsame Tätigkeit, Jo, aber ich bin nie allein mit meinen *Figuren.* Eine fehlt mir noch, eine kuschelige, die mein Herz höher schlagen lässt. Heute ist Dein großer Auftritt. Zu Deinem Geburtstag werde ich über Dich schreiben. Und bloß keine Widerworte!

Wie alt bist Du eigentlich, Jo? 63? 64? Oder sogar 65? Es tut mir leid, Jo, im Herbst des Lebens ist manches (Kalender-) Blatt der Erinnerung verwelkt. Eins bin ich mir allerdings sicher, es war an einem 12. Mai, als ich Dich, freudestrahlend, erstmals in meine Arme nahm.

Heute siehst Du etwas lädiert aus, bist wohl ein wenig in die Jahre gekommen. So leicht lassen sich die Spuren des Alters nicht verwischen. Du sitzt da mit abgewetztem Fell und vielen kahlen Stellen. An Deiner schwarzen Schnauze gibt es ein kleines weißes Loch, auf Deinem Kopf eine fast kreisrunde Tonsur. Deine Glieder plagt eine leichte Arthrose, aber ansonsten fehlt Dir nichts. Also kein Grund Trübsal zu blasen, ein Besuch beim Bärendoktor ist nicht vonnöten. Glück gehabt, Jo!

Jetzt wollen wir gemeinsam feiern. Zu Deinem Geburtstag habe ich Dir drei Geschenke mitgebracht. Mit der gebotenen Nostalgie werden wir zunächst auf YouTube das Chanson von Adamo *„Moi, je dors avec mon nounours dans les bras"*

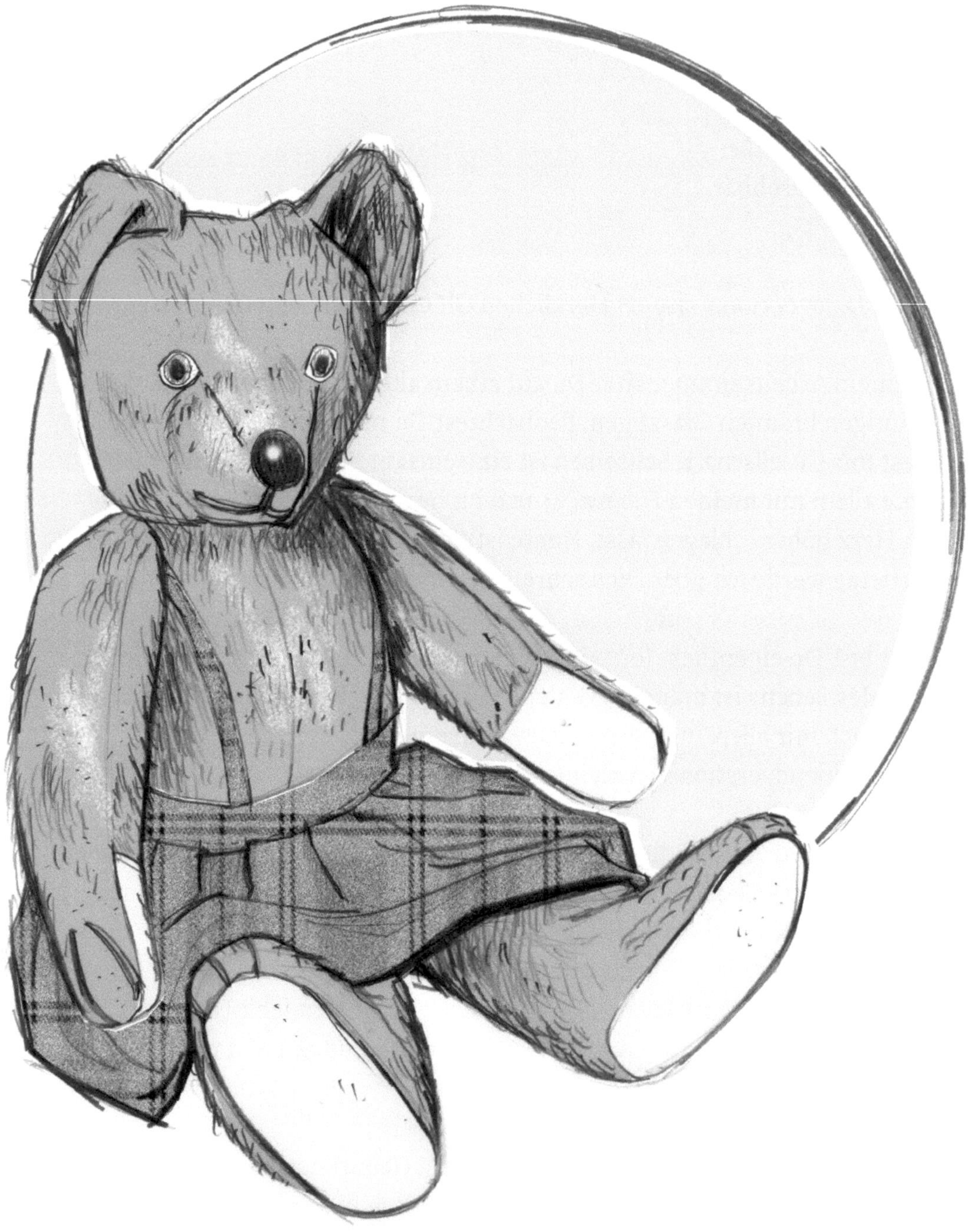

(„Ich schlafe mit meinem Teddybär in den Armen") hören. Für das leibliche Wohl habe ich eine große Packung *ours d´or* (Goldbären) gekauft. Du wirst Verständnis dafür haben, dass ich mich persönlich und intensiv um den süßen Inhalt kümmern werde. Als Erinnerung an diesen denkwürdigen Tag darfst Du die Verpackung behalten. Und weil aller guten Dinge drei sind, widme und schenke ich Dir diese Wortgeschichte.

Das Wort „Plüsch" geht auf das altfranzösische Verb *pelucher* (schälen, zupfen) und damit ursprünglich auf das lateinische „pilare" (enthaaren) und „pilus" (Haar) zurück. *Eplucher* (schälen) kann man im Nachbarland nicht nur Gemüse, sondern auch Texte, also diese Punkt für Punkt durchgehen oder zerpflücken. *Epluchures* sind Abfälle.

Zum krönenden Abschluss Deiner Geburtstagsfeier, wollen wir für alle Arktophilen, Freunde und Frankreich-Fans, die heute Geburtstag haben, das traditionelle französische Geburtstagslied anstimmen:

Bon anniversaire	Herzlichen Glückwunsch zum Geburtstag
Nos vœux les plus sincères	Unsere aufrichtigsten Wünsche
Que ces quelques fleurs	Mögen diese wenigen Blumen
Vous apportent le bonheur	Ihnen Glück bringen
Que l´année entière	Das ganze Jahr sei
Vous soit douce et légère.	Für Sie angenehm und sorgenfrei.

Etymologische Erläuterungen und weiterführende Hinweise

Plüsch: Im 19. Jahrhundert florierte die Textilindustrie am Niederrhein, und Krefeld war sogar die reichste Stadt Deutschlands. Um 1910 beschäftigte die Plüschfabrik von August Schlüpers in Goch bis zu 1.200 Arbeiter. Die Firma Girmes in Grefrath-Oedt war bundesweit bekannt und exportierte Kunstpelze nach Russland. Die Fabrikanten August Schlüpers und Dietrich Girmes waren auch Mäzenen und sind Ehrenbürger von Goch und Oedt.

Amüsiert: Etymologisch passend zu dieser Wortgeschichte, denn das französische Adjektiv *amusant* ist ursprünglich eine Ableitung von frz. *museau* (Schnauze).

Figuren: Von frz. *figure* (Gestalt, Erscheinung).

Nounours: Teddybär, *ours en peluche* in der Kindersprache. Auch in der französischen Sprache sind Verdoppelungen charakteristisch für die Kindersprache. Z. B. *faire pipi/caca, avoir bobo* (ein Wehweh haben), *miam-miam* (lecker, lecker), *tonton* (Onkel), *tata* (Tante), *dada* (Pferd) etc.

Arktophil: Der Fachbegriff aus dem Griechischen bezeichnet die Liebe zu Teddybären bzw. Bären überhaupt.

Im Rheinland sind auch die Pfirsiche eigentlich Pflaumen, allerdings ganz besondere. Im Plattdeutsch werden Pfirsiche wegen ihrer samtenen Oberfläche „Plüschprumm" genannt. „Prumm" kommt von frz. *prune* (Pflaume). *Travailler pour des prunes* = Für umsonst arbeiten, für nichts und wieder nichts.

Porree

„Kumm Trina, lott os danze, sue wie et fruer woar. Wie jont jetz, ob dat Janze, als Hölsche, dat ös doch kloar."

Traditionelles Lied auf Hölsch Platt über Trinas in Hüls am Niederrhein.

Schmackhaft, vitaminreich und mit antibakterieller Wirkung, ist der Porree ein typisches Herbst- und Wintergemüse. „Der Spargel des armen Mannes" ist vor allem preisgünstig. Die Römer hatten nicht nur den Spargel und Zwiebeln nach Germanien gebracht, sondern auch den Porree, „Porrum" auf Lateinisch. Die damaligen Gutshöfe dienten vorwiegend der Versorgung der Besatzungstruppen.

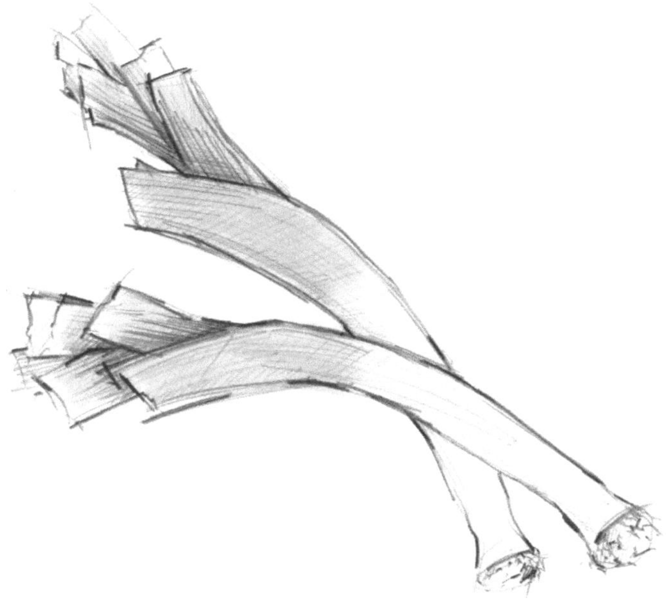

Wie der Name andeutet, war die Provence eine römische Provinz. Aus „Porrum" wurde auf Provenzalisch *porr*, und im mittelalterlichen Frankreich entstand *porreau*, der Vorfahr des *poireau*. In der Umgangssprache gibt es sogar das amüsante Verb *poireauter* (sich die Beine in den Bauch stehen). Nicht *amüsant* für die Person, die vergeblich warten muss und *poireaute*. In Westfrankreich ist der Familienname Porée geläufig. Eine Leuchte seiner Zeit war der Philosoph und Bischof von Poitiers, Gilbert de la Porrée (1080-1155). Im Deutschen wurde das Wort „Porree" französisiert. Diese französisierende Endung –ee ist in mehreren deutschen Wörtern und Ausdrücken wie z. B. „Négligee" und „schwer von Kapee" zu finden.

Der Niederrhein ist eine der wichtigsten Erzeugerregionen für Porree. In Hüls hat die hellgrüne Lauchstange eine besondere symbolische Bedeutung. Alle zwei Jahre wird in der schönen Ortschaft auf eine originelle Art und Weise Karneval gefeiert. Für auswärtige Besucher etwas befremdlich ist der sogenannte „Breetlooksdienstag" (Veilchendienstag). Hüls mag ein Stadtteil von Krefeld sein, doch sind die Hülser ein eigenes Völkchen. Sie pflegen liebevoll ihre Traditionen, ob Martinszug, Schützenfeste oder eben Karneval. Wenn der „Zoch", der Lindwurm, durch das historische Städtchen zieht, werden von den Festwagen auch Porreestangen in die jubelnde Menge gereicht. Dabei wird mundartlich lautstark „Breetlook!" gerufen. Das bedeutet „Breitlauch", also Porree. Für Lokalkolorit sorgt die defilierende Trinagarde. Die Aufmachung der ersten Trina geht auf die Hülserin Maria Klinkenberg zurück. 1934 soll sie auf einer Karnevalsitzung, als Marktfrau verkleidet, einen roten Rock über einer weißen Spitzenhose, eine blaue Bluse sowie ein rotes Kopftuch und gelbe Holzschuhe, „Klompen", getragen haben. „Eck bönn die Hölsche Trina!" soll sie gesagt haben. Seither werden in Hüls in der Karnevalszeit die Häuser mit größeren und kleineren tanzenden Trina-Figuren aus Holz oder Stoff geschmückt. Mit „Breetlook" bestens bewaffnet, können die Trinas das Hülser Rathaus stürmen und sich gegen die Obrigkeit zur Wehr setzen.

1794-1814, während der Franzosenzeit, gehörte Hüls wie alle linksrheinischen Städte zu Frankreich. Marodierende Soldaten Napoleons plünderten hemmungslos. Waffen hatten die Marktfrauen nicht, aber *couragiert* und clever waren sie. Der Überlieferung nach haben sie den Vormarsch der französischen

Kavallerie erfolgreich behindert, indem sie haufenweise Lauchstangen auf das nasse, holprige Kopfsteinpflaster geworfen haben. Die Legende ist aber sehr viel älter. In den Wirren des Dreißigjährigen Kriegs wartete im Kerker der Hülser Burg ein gefährlicher Räuber, der Rote Dieter, auf seine Hinrichtung. Er wurde von Feinden der kaiserlichen *Truppen* befreit, sann nach Rache, und beging mit seiner berittenen *Bande* einen verhängnisvollen Fehler, nämlich Hüls zu überfallen. Auf eine ähnliche Art und Weise wie die bereits erwähnten Marktfrauen wehrten sich die schlauen Bauern. Pferd und Reiter rutschten aus, und mit Hilfe von Äxten, Dreschflegeln und Stöcken gelang es den mutigen Hülsern, die am Boden liegenden Angreifer zu besiegen und die Überlebenden in die Flucht zu schlagen. Auf Bleiglasfenstern des Restaurants Santa Lucia auf dem Marktplatz hat der Hülser Glasmaler Pitt van Treeck dieses Ereignis eindrucksvoll dargestellt.

Was am Aschermittwoch bleibt, ist Porree. In Deutschland wird er als Gemüse oder als Suppe warm gegessen. In Frankreich genießt man *tartes aux poireaux* (Porreetorten) und *poireaux vinaigrette*. Letztere sind eine beliebte lauwarme oder sogar kalte Vorspeise. Die Zubereitung ist kurz und einfach, man/frau muss kein *cordon bleu* sein. Probieren Sie dieses schmackhafte *hors-d´œuvre!*

Etymologische Erläuterungen und weiterführende Hinweise

Amüsant: Von frz. *amusant* und ursprünglich von frz. *museau* (Schnauze).

Negligee bzw. Negligé: Der Begriff stammt aus dem Französischen *négligé* (ungepflegt) und bedeutet so viel wie das „nachlässige" Kleid. Siehe dazu die Wortgeschichte in „Madame Baguette und Monsieur Filou", Magenta-Verlag.

Schwer von Kapee: Von lat. capere (fassen, begreifen). Französisierende Bildung.

Bluse: Das Wort ist ein *faux ami* (falscher Freund). *Faux amis* sind Wörter, die zwar sehr ähnlich sind, aber grundverschiedene Bedeutungen in beiden Sprachen haben. Und so wird der Scheingallizismus „Bluse" mit *chemisier* übersetzt. Hingegen wird das französische Wort *blouse* mit (Arbeits-)Kittel übersetzt.

Couragiert: Von frz. *courage* (Mut) und ursprünglich von frz. *cœur* (Herz).

Kavallerie: Von frz. *cavalerie.*

Der Dreißigjährige Krieg: Von 1618 bis 1648 herrschte ein schrecklicher Krieg im Heiligen Römischen Reich Deutscher Nation. Der Krieg schlug ganz Mitteleuropa in seinen Bann. Auch Frankreich war daran beteiligt. Siehe dazu die Wortgeschichte „Von der Pike auf" auf Seite 179.

Vinaigrette: Kalte Sauce. Das Wort stammt von frz. *vinaigre* (Essig) und ursprünglich *vin* (Wein) und *aigre* (sauer). Unter www.lecker.de ist ein Rezept von Christian Rach für *poireaux vinaigrette* zu finden.

Cordon bleu: Ebenfalls ein *faux ami*, ein falscher Freund. Im Französischen ist *cordon bleu* eine Bezeichnung für eine ausgezeichnete Köchin, ist also ein großes Kompliment, kein paniertes Schnitzel! Ursprünglich war das Cordon bleu ein Orden, von Heinrich III. gegründet. Siehe dazu meine Wortgeschichte in „Madame Baguette und Monsieur Filou", und die Wortgeschichte „Ratatouille" in diesem Buch, Seite 147.

Hors-d´œuvre: Der französische Begriff ist eine Zusammensetzung aus *hors* (außerhalb) und *œuvre* (Werk), wörtlich „außerhalb des Werks", also eine kleine „Vorspeise" vor der eigentlichen Mahlzeit. Der ursprüngliche Zweck war, den Appetit anzuregen. Ein Appetithäppchen ist ein *amuse-bouche* („Mundfreude"), bzw. *amuse-gueule* („Maulfreude").

Prestige

Überraschenderweise ist das ins Deutsche übernommene französische Wort ursprünglich negativ besetzt. Im Lateinischen bedeutet „praestigiae" „Blendwerk, Zauber, Gaukelei".

Politiker, oft blendende Redner, wissen sehr genau um die manipulative Macht der Sprache. In Frankreich meiden Politiker aller *Couleur* tunlichst den bei den Wählern unbeliebten Begriff *réforme*. Sie ersetzen es durch *le redressement*, die Wiederaufrichtung des Landes. Dieses steckt mehr denn je in einer schweren politischen und wirtschaftlichen Krise. Frankreich hat auch aus anderen Gründen an Ansehen und Einfluss verloren. Lässt sich dessen damalige *Grandeur* in der globalisierten Welt überhaupt wieder erlangen? Oder wird aufgrund des Durchmarsches des rechtsradikalen *Front National* nichts mehr so sein, wie vorher? Die *Malaise* dauert an, die Stimmung der Franzosen schwankt zwischen Resignation und Wut, ein politisches Trümmerfeld, eine gefährliche Gemengelage.

Droht Frankreich der Absturz? *Le coq est mort?* Ist der (gallische) Hahn tot? Im 18. Jahrhundert wurde die *Grande Nation* bewundert. Es schwappte eine Welle der Gallomanie, eine Begeisterung für alles was aus Frankreich kam, über Europa und bis nach Russland. Es war in gebildeten Kreisen *todschick*, Französisch zu „parlieren". 1750 schrieb Voltaire an einen Freund, den Marquis de Thibouville: „*Je me trouve ici en France. On ne parle que notre langue. L´allemand est pour les soldats et pour les chevaux.*" („Ich befinde mich hier in Frankreich. Man spricht nur unsere Sprache. Deutsch ist lediglich für Soldaten und Pferde gut.") Der Aufklärer war einer Einladung seines Bewunderers, Friedrich des Großen, nach Sanssouci („Ohne Sorge") bei Potsdam gefolgt. Dort, in Preußens „Klein-Versailles", hatte er zweieinhalb Jahre lang mit anderen intellektuellen Gesprächspartnern an der Tafelrunde des Königs teilgenommen und *brilliert*. Am preußischen Hof weilten auch Voltaires Landsleute, der Astronom und

Mathematiker Pierre-Louis Moreau de Maupertuis und der Philosoph Julien Offray de la Mettrie. Letzterer war zugleich der Leibarzt des Königs. Im September 1740 hatten sich Voltaire und Friedrich II. im Schloss Moyland bei Kleve kennengelernt. Genau zu diesem Zeitpunkt hatte der junge König, der besser Französisch als Deutsch sprach – Er betrachtete seine Muttersprache als *„une langue à demi-barbare"*, eine halbbarbarische Sprache – das erotische Gedicht *La Jouissance*, die Lust, geschrieben. Auf Französisch natürlich. Am preußischen Hof wurden Friedrichs Windspiele von den gebildeten Lakaien auf Französisch angesprochen und gesiezt. *„Bonjour, Biche. Comment allez-vous? Avez-vous bien dormi dans le lit du Roi?"* („Guten Tag, Biche. Wie geht es Ihnen? Haben Sie im Bett des Königs gut geschlafen?") Ob die verwöhnten Hunde mit einem preußischen „wau-wau" oder einem französischen „ouah, ouah" reagiert haben, ist nicht bekannt.

Eine ruhmreiche Vergangenheit. In der Architektur diente das Versailler Schloss auch in Deutschland als Modell für die *Maisons de plaisance*, die Lustschlösser. Diese schmückten sich mit französischen Namen wie zum Beispiel Bellevue und Monbijou (Mein Schmuckstück) in Berlin. Als Hofbaumeister von Herzog Carl Eugen errichtete der *renommierte* französische Architekt Philippe de la Guêpière das Schloss Solitude (Einsamkeit) in Stuttgart und unweit von Ludwigsburg das Seeschloss Monrepos (Meine Ruhe). Ein anderer namhafter französischer Architekt, Nicolas de Pigage, aus dem lothringischen Lunéville, erhielt vom Kurfürsten Carl Theodor von der Pfalz den Auftrag, den Bau des Rokokoschlosses Benrath zu planen und durchzuführen. Am Eingang des Hauptgebäudes steht in französischer Sprache *Corps de logis*, die Bezeichnung für das Hauptgebäude. Viele Franzosen kamen nach Deutschland und blieben. 1796 starb Pigage in Schwetzingen. Nördlich von Bayreuth liegt der Felsengarten Sanspareil. Der Name dieser einzigartigen Gartenanlage der Markgräfin Wilhelmine soll auf den Ausruf eines Gastes *C´est sans pareil! Das ist ohnegleichen!* zurückgehen.

Um 1710 kamen an die 20.000 in Frankreich verfolgte Protestanten nach Berlin und Brandenburg. Unter ihnen befanden sich viele erfahrene, tüchtige Landwirte, Gärtner und Handwerker. Sie waren ausgewiesene Fachleute für Maulbeerbäume und für die Zucht von Seidenraupen. Ohne sie wäre die

Textilindustrie in Berlin nicht denkbar gewesen. Die Kinder der Hugenotten gingen zum *Collège Français*, heute die älteste öffentliche Schule Berlins. Der Französische Dom auf dem Gendarmenmarkt zählt zu den bedeutendsten Sehenswürdigkeiten der Hauptstadt. Heute gehen viele junge Franzosen nach Berlin, weil sie im eigenen Land keine Perspektiven finden.

Im 19. Jahrhundert war Französisch die erste Fremdsprache an deutschen Schulen. Der Roman Effie Briest von Theodore Fontane wimmelt von französischen Wörtern. Und heute? *Le coq est malade, mais il n´est pas mort.* Der Hahn ist krank, aber nicht tot. Frankreich ist die fünftgrößte Wirtschaftsmacht der Welt. In der Luxusindustrie bleibt es die unumstrittene Nummer 1. L´Oréal ist Weltmarktführer im Kosmetikbereich. Cartier, Chanel, Dior, Louis Vuitton, Moet & Chandon, um nur einige zu nennen, sind nach wie vor Prestigemarken. Der *Bocuse d´Or* ist der prestigeträchtigste internationale Kochwettbewerb der Welt. Frankreich ist führender Agrarproduzent in Europa. Airbus ist der größte europäische Flugzeughersteller. Paris und die vielfältigen Kulturlandschaften bleiben Touristenmagneten. Mit fast 82 Millionen ausländischen Touristen ist Frankreich das meistbesuchte Land der Welt. Luxusimmobilien an der Côte d´Azur stehen bei ausländischen Investoren hoch im Kurs. 2011 besuchten etwa 250.000 Russen Nizza.

Sogenannte *Grands Projets* sind eine *Marotte* von französischen Präsidenten. Unter François Mitterrand vermehrten sich kostspielige Prestigebauten in Paris: Die *Arche de la Défense*, die *Pyramide du Louvre*, die *Bibliothèque Nationale de France*, die neue Oper an der Bastille. Und am Nationalfeiertag am 14. Juli zeigt Frankreich demonstrativ Stärke. Am eindrucksvollen, feierlichen *défilé* auf den *Champs-Elysées* nehmen auch die Absolventen der *Grandes Ecoles*, u.a. *Polytechnique, Centrale, E.N.A. (Ecole Nationale d´Administration)* usw. teil. Diese Eliteschulen rangieren im Prestige weit vor den Universitäten.

Die Geschichte lehrt uns, dass auf goldene Zeiten bleierne Zeiten folgen. Solche durchlebt Frankreich gegenwärtig. Wird „der neue kranke Mann Europas" schnell gesunden? In der griechischen Mythologie enthielt die Büchse der Pandora alle der Menschheit bis dahin unbekannten Übel wie Arbeit, Krankheit und Tod. Sie entwichen in die Welt, als Pandora die Büchse öffnete. Als einzig

Positives blieb in der Büchse die Hoffnung. Sie stirbt zuletzt.

Etymologische Erläuterungen und weiterführende Hinweise

Marotte: Eine Laune, eine Manie. Von frz. *marotte* (Narrenkappe, Narrenzepter mit Puppenkopf). Beim Puppentheater ist heutzutage eine Marotte eine auf einem Stab angebrachte Puppe.

Malaise: Von frz. *le malaise* und *être mal à l'aise* (sich unwohl fühlen).

Todschick: Von frz. *tout chic* (ganz schick). Ein im Berliner Volksmund verballhornter Wortimport der französischen Glaubensflüchtlinge in Berlin. Dies trifft auch auf *mutterseelenallein* zu. Die Hugenotten sprachen anfänglich kein Deutsch und fühlten sich einsam. Aus dem französischen *Moi tout seul*, ich ganz allein, wurde mutterseelenallein. In Berlin haben die tüchtigen Hugenotten viele Spuren hinterlassen. Sie waren versierte Handwerker, in der Textilindustrie und im Gartenbau tätig. Das Wort „Kinkerlitzchen" geht auf diese Zeit zurück und kommt von frz. *quincaille(rie)*, also Eisenwaren(geschäft). Der Name „Französische Straße" in Berlin-Mitte stammt aus dieser Zeit.

Parlieren: Von frz. *parler* (sprechen).

Défilé: Das deutsche Wort „Defilee" ist eine direkte Entlehnung. Das französische Verb *défiler* bedeutet eigentlich „der Reihe nach von Fäden befreien". Ursprünglich von frz. *fil* (Faden).

Le Front National: Die rechtspopulistische Partei wurde 1972 gegründet. Seit 2011 ist Marine Le Pen die Parteivorsitzende und Nachfolgerin ihres Vaters, Jean-Marie Le Pen. Bei der Europawahl 2014 erreichte der FN fast 25% der Wählerstimmen. 4.711.339 Franzosen haben den FN gewählt. Hochburgen des Front National sind das Elsass und Teile der Regionen Languedoc-Roussillon und Provence-Alpes-Côte d'Azur.

Le coq est mort (der Hahn ist tot) ist ein bekanntes französisches Kinderlied, ein

Kanon zu fünf Stimmen und wird in mehreren Sprachen, sogar auf Lateinisch, gesungen. „*Le coq est mort, le coq est mort. Il ne dira plus* (er wird nicht mehr sagen) *coco di, coco da, coco coco coco di, coco da.*" Übrigens, der Begriff *Grande Nation* ist ursprünglich kein französischer Begriff.

Paul Bocuse: Zu den bekanntesten renommierten französischen Drei-Sterne-Köchen zählen Alain Ducasse, Haeberlin im Elsaß und Anne-Sophie Pic in Valence. Der prominenteste *Grand Chef cuisinier* ist nach wie vor Paul Bocuse. 88 Jahre alt, führt er seit 1965 mit seiner Ehefrau Raymonde *l´Auberge du Pont de Collonges* in seinem Geburtsort Collonges-au-Mont-d´Or. Das Städtchen liegt 20 km von Lyon entfernt. Die Großstadt und die ganze Region gelten als die Wiege der *Grande Cuisine* in Frankreich. Bocuse, der Erneuerer der Feinschmeckerküche, lebt mit drei Frauen in drei getrennten Haushalten zusammen. Wegen seiner Geschäftstüchtigkeit wurde er allerdings oft kritisiert. Allein in Lyon führt er fünf *brasseries*. In der *Auberge du Pont de Collonges* kostet das *Menu Grande Tradition Classique* 250 Eur. pro Person. Nähere Informationen unter www.bocuse.fr.

Les Maisons de plaisance: Das Lustschloss Benrath (www.schloss-benrath.de) in Düsseldorf war eine Sommerresidenz. Das Schloss Monbijou in Berlin lag gegenüber dem heutigen Bode-Museum. 1959 wurde es abgerissen. Geblieben sind jedoch der Monbijoupark und die Monbijoustr. Informationen über andere Lustschlösser in der Wortgeschichte finden Sie unter www.sanssouci.de, www.ludwigsburg.de, www.berlin.de, www.schloss-solitude.de.

La Jouissance: Das lustvolle Gedicht von Friedrich II. und dessen Übersetzung sind leicht im Internet zu finden. Friedrich der Große liebte abgöttisch seine italienischen Windspiele. Sie trugen französische Namen wie *Biche* (Hirschkuh), *Alcmène* und *Superbe* (wunderschön).

Renommiert: Von frz. *renommé*, ursprünglich „immer wieder genannt".

Alle notwendigen Informationen über Paris: Office de Tourisme, site officiel de la capitale: www.parisinfo.com und für Leseratten, www.bnf.fr.

Le Château de Versailles: Frankreich war unter dem Sonnenkönig der mächtigste Staat Europas und das Versailler Schloss, Symbol des Absolutismus, sollte der Welt die Größe und Stärke Frankreichs zeigen. 2.300 reich geschmückte Zimmer und 350.000 Bäume in der gesamten Domäne. Prestige pur! An die 20.000 Menschen lebten im Schloss. Mehr als ein Jahrhundert lang galt das prunkvolle Schloss als das Modell schlechthin für königliche Residenzen. Zu Beginn war Versailles ein im Sumpf errichtetes Jagdschloss. Viele der 36.000 Arbeiter erkrankten am Sumpffieber und starben. Der Bau dauerte fast dreißig Jahre (1661-1690). Das Lustschloss Le Grand Trianon wurde 1687 von Jules Hardouin Mansart, dem Namensgeber der Mansarde (frz. *la mansarde*), errichtet. www.versailles.fr.

Ratatouille

Die sonnenverwöhnte Provence ist ein wahres Schlaraffenland. Mit ihrem überwältigend vielfältigen Angebot sind die Stände auf den von Gilbert Bécaud besungenen duftenden Märkten ein Fest für alle Sinne. Alle Farben einer Maler*palette* sind dort vertreten.

Die *ratatouille* ist ein wohlschmeckendes würziges Gericht aus geschmortem Gemüse. Für diesen Klassiker der provenzalischen Landküche benötigt man Fleischtomaten, Auberginen, Zucchini, rote und grüne Paprikaschoten, Zwiebeln, Knoblauch und Olivenöl. Nicht zu vergessen ein *bouquet garni* aus aromatischen Kräutern der Provence: Estragon, Majoran, Rosmarin und Thymian.

Die Provence ist ein Lebensgefühl, und ein provenzalischer Bauernmarkt, ob groß oder klein, ist ein Erlebnis. Im 18. Jahrhundert herrschten in der Provence freilich noch andere Lebensverhältnisse. Die Landbevölkerung war bitter arm, ihre Hauptnahrungsmittel waren Kohl und Saubohnen. Und die *ratatouille*? Sie genoss damals keinen guten Ruf. Allein die Wortherkunft liefert eine nüchterne Erklärung. *Ratatouille* ist eine Ableitung von dem französischen Verb *touiller* für umrühren. Zugrunde liegt das provenzalische Wort *ratatolha*, was Reste-Fraß bedeutet. Im Französischen bedeutet der umgangssprachliche Ausdruck „*C´est du rata!*" daher: „Das ist ein mieser Fraß!" Ursprünglich war die *ratatouille* ein Arme-Leute-Essen aus Abfall von den bereits erwähnten Gemüsesorten. Mit der *bouillabaisse* ging es den Fischern zwischen Marseille und Toulon nicht anders. Im täglichen Existenzkampf versuchten sie, ihren Fang auf dem Fischmarkt zu verkaufen. Die übriggebliebenen Fische nahmen sie mit nach Hause und gaben sie in einen mit Meerwasser gefüllten Kessel. Das Ganze wurde kurz aufgekocht, dann wurde die Temperatur reduziert. Auf Provenzalisch nannte man das Resultat *bouaibaisso*, was auf Französisch übersetzt bedeutet: *Quand ça bout, abaisse* (nach dem Aufkochen niedrig stellen). In manchem Restaurant ist eine *bouillabaisse* heute ein Edelgericht und hat ihren Preis.

Das erste publizierte Rezept der *ratatouille* geht auf Henri Heyraud zurück. 1909 erschien sein Buch *La Cuisine à Nice*. Die Zubereitung einer *ratatouille* ist einfach. Man muss kein *cordon bleu* sein! Das Gemüsegericht kann sowohl warm als Beilage zu Fleisch oder Fisch oder auch kalt als leckeres *hors-d'œuvre* gegessen werden.

Im herrlichen Animationsfilm „Ratatouille" ist die kochende Ratte Rémy anders als ihre verfressenen Artgenossen, die sich mit Abfall und Biomüll begnügen. Rémy ist viel intelligenter. Er weiß, was am besten schmeckt, nämlich traditionelle Hausmannskost. Als Rémy dem schwierigen, verbitterten Restaurantkritiker Ego das Bauerngericht *ratatouille* serviert, weckt der Gemüseeintopf durch seine hervorragende Qualität Kindheitserinnerungen in Ego. Angeregt durch den besonderen Geschmack erinnert sich der Restaurantkritiker an seine Jugend und daran, wie er als kleiner Junge nach einem Sturz vom Fahrrad von der Mutter mit eben dieser *ratatouille* verwöhnt wurde. Begeistert schreibt Ego daraufhin eine lobende Kritik. Am Ende des Films arbeitet Rémy in einem *bistro* namens *La Ratatouille*, das sich sogleich großer Beliebtheit erfreut. Und der geläuterte Ego wird dort Stammkunde.

Etymologische Erläuterungen und weitere Hinweise

Palette: Von frz. *palette*. Ursprünglich eine kleine Schaufel aus Holz oder Metall.

Cordon bleu: Wortwörtlich „blaues Band". Dies war ein himmelblaues Ordensband, das um 1600 von den Rittern des französischen Ordens vom Heiligen Geist (*Ordre du Saint-Esprit*) getragen wurde. Dieser Orden, von König Henri III gegründet, galt als der höchste und elitärste Ritterorden Frankreichs. Mit der Zeit wurde *le Cordon bleu* nicht nur als Bezeichnung für diesen Orden selbst und seine Ritter gebraucht, sondern als allgemeines Synonym für hervorragende Leistungen in den unterschiedlichsten Disziplinen verwendet, insbesondere jedoch für exzellente kulinarische Leistungen. In der heutigen Bedeutung bezeichnet dieser Ausdruck eine vorzügliche Köchin, in der

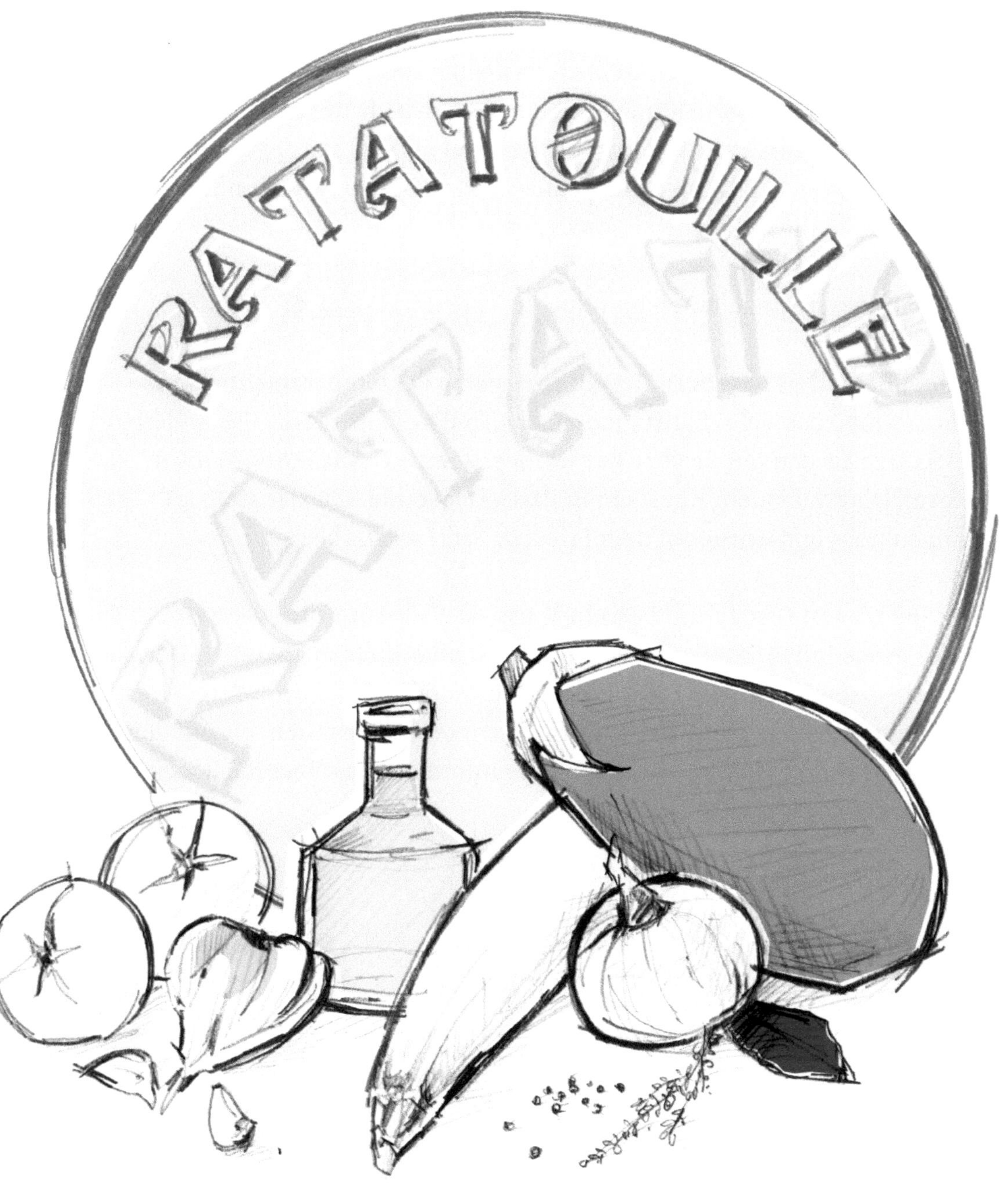

RATATOUILLE

deutschen Sprache kurioserweise ein paniertes Schnitzel!

Bistro(t): Es gibt eine schöne Legende. Nach der endgültigen Niederlage Napoleons, während der russischen Besatzung in Paris (1815-1818), hatten die trinkfreudigen russischen Soldaten Alkoholverbot. Um von Offizieren nicht in flagranti erwischt zu werden, bestellten sie ganz schnell beim Wirt mit lauten „bystro, bystro"-Rufen. Im Russischen bedeutet das Wort „bystro" „schnell". Das Wort *bistro(t)* stammt jedoch von *bistraud* aus der Region Poitou in Westfrankreich. Es bezeichnete zunächst den Diener des Weinhändlers und später den Weinhändler, den *bistrotier*, selbst.

Provenzalische Spezialitäten und Kochrezepte unter www.provence.de.

Gilbert Bécaud (1927 - 2001): Der Künstlername des temperamentvollen (*Monsieur 100.000 Volts*) Südfranzosen aus Toulon, Gilbert Silly. Bécaud hatte eine kurze Liaison mit Brigitte Bardot. Wer kennt „Nathalie"(1965) nicht? Bécaud lebte auf einem Hausboot in Paris. Der starke Raucher starb an Lungenkrebs und wurde auf dem Friedhof *Père Lachaise* beerdigt.

Seit Juli 2014 ist Disneyland Paris in Marne-la-Vallée um eine weltweit einzigartige Indoorattraktion reicher: Ratatouille-Kitchen Calamity. Der Besucher ist während der Fahrt im „Ratten-Mobil" auf die Größe einer Ratte geschrumpft und begibt sich durch riesig wirkende Szenarien, die auf dem Animationsfilm basieren. Spannend! Alle Informationen über die Ratatouille-Bahn unter www.disneylandparis.de.

Rivalen

Wer Zank und Streit abtut, verwandelt den Fluch in einen Segen.
Henri III, König von Frankreich

Was ist eigentlich ein Rivale? Das Wort stammt aus dem Französischen *rive* (Ufer) und ursprünglich aus dem Lateinischen „rivalis" (Nebenbuhler), einer Ableitung von „rivus" (Bach, Wasserlauf). Nach der römischen Gesetzgebung war der Rivale ein zur Nutzung eines Wasserlaufs Mitberechtigter. Während der Trockenzeit ließen sich Konflikte oft nicht vermeiden.

Im 16. Jahrhundert wurde Frankreich von gewaltsamen religiösen Auseinandersetzungen zerrüttet. Von 1562 bis 1598 kämpften erbittert Katholiken gegen Protestanten, Franzosen gegen Franzosen. Der Auftakt zum ersten von insgesamt acht „Hugenottenkriegen" war das Blutbad von Wassy, einem Städtchen in der Champagne. Man schreibt den ersten März 1562. An jenem Tag wollten an die 600 Protestanten einen reformierten Gottesdienst in einer Scheune abhalten. Verbotenerweise, völlig inakzeptabel für die Katholiken. Wassy lag auf den Ländereien des radikalen Katholikenführers François de Lorraine, Duc de Guise (Franz von Lothringen, Herzog von Guise). Er und sein Gefolge griffen an, fünfzig Hugenotten starben in der Scheune.

Dieser Vorfall war erst der Anfang einer Spirale der Gewalt. Am 16. Juli 1562 zwang in Montbrison der grausame Protestantenführer François de Beaumont-Beyrac, Baron des Adrets, achtzehn katholische Gefangene, sich von der Spitze eines Bergfrieds zu Tode zu stürzen. Und dann ging es Schlag auf Schlag. Ein Jahr später wurde François de Lorraine bei der Belagerung von Orléans von einem Hugenotten getötet. Sein Sohn und Nachfolger Henri de Guise schwor Rache. Zehn Jahre später, anlässlich der Hochzeit des Protestanten Henri de Navarre mit der Katholikin Marguerite de Valois, ergab sich in Paris die Gelegenheit dazu.

„Das verachtungswürdigste Beispiel von Fanatismus ist das der Bürger
von Paris, die zusammenliefen um jene ihrer Mitbürger umzubringen, zu
erwürgen, aus den Fenstern zu stürzen, in Stücke zu reißen, die nie zu Messen
gingen", schrieb der empörte Aufklärer Voltaire über Fanatismus, in einem
Artikel seines *Dictionnaire Philosophique portatif*. Voltaires Pamphlet war eine
Anspielung auf die Bartholomäusnacht. Im Morgengrauen des 18. August
1572 machte das katholische Paris Jagd auf seine protestantischen Mitbürger.
Als Erkennungszeichen trugen katholische Mörderbanden ein weißes Kreuz
am Hut. An die 3.000 Hugenotten, auch Greise, Frauen und Kinder, wurden
massakriert.

Zu diesem Zeitpunkt, als es noch darum ging, gemeinsame Sache gegen die
Protestanten zu machen, waren sich der König Henri III und der Duc de
Guise einig. Die künftigen Rivalen waren jedoch sehr verschieden. Henri de
Guise war katholisch bis ins Mark und seit dem Tod seines Vaters hasserfüllt.
Der gebildete, kunstsinnige, aber vor allem wankelmütige und gerissene
König wechselte hingegen die Seiten, sobald es ihm opportun schien. In der
Hauptstadt war Henri de Guise, als Oberhaupt der *fanatischen Sainte-Ligue*
(Heilige Liga), sehr einflussreich und populär. Der König wiederum war um
Schadensbegrenzung und Wiederherstellung des Friedens zwischen den
verfeindeten Parteien bemüht. Wahrlich kein leichtes Unterfangen, denn
Frankreich war zutiefst gespalten. Im Süden des Königreichs herrschte Henri
de Navarre, der künftige Henri IV. Anlässlich seiner Heirat mit Marguerite
de Valois war er zum Katholizismus übergetreten. Weil Henri III kinderlos
war, war kein Nachfolger aus dem Hause Valois in Sicht. Dem König blieb
keine andere Wahl, als Henri de Navarre zu seinem Nachfolger zu ernennen.
Für den Duc de Guise, der eigene Ambitionen auf die Krone hegte, eine
völlig inakzeptable Entscheidung. Die Fronten waren verhärtet. Der Herzog
ignorierte das gegen ihn verhängte Verbot, nach Paris zu gehen. Am Tag der
Barrikaden, *La Journée des Barricades*, am 12. Mai 1588, kam es in Paris zu einem
Volksaufstand. Die königlichen Truppen wurden entwaffnet, der König musste
fliehen und zog sich nach Blois an der Loire auf sein *Château Royal* zurück.
Vorläufig hatte sein unerbittlicher Rivale triumphiert.
„Mitberechtigung" und eine Einschränkung seiner Macht schloss der König
aus. Um seine Krone zu retten, galt es für ihn fortan gut zu überlegen, auf

welche Weise er sich seines gefährlichen Rivalen entledigen konnte. Zunächst ernannte er Henri de Guise zum Generalleutnant des Königreichs. Ein kluger Schachzug. Danach berief er, wie es in Krisenzeiten üblich war, im Dezember 1588 die *Etats Généraux*, die Generalstände, nach Blois. Die Versammlung bestand aus Vertretern der drei Stände Klerus, Adel und *Tiers Etat* (Dritter Stand). Jeder dieser Stände verfügte über 300 Abgesandte, die versuchten, Einfluss auf die königliche Gesetzgebung auszuüben.

Henri de Guise folgte der Einladung des Königs nach Blois. Dort wähnte sich der Herzog in Sicherheit. Wer würde es schon wagen, sich mit diesem fast zwei Meter großen und kampferprobten Riesen anzulegen? Aus gutem Grund wurde er *Le Balafré*, der Vernarbte, genannt.

Am 23. Dezember 1588, unter dem Vorwand einer Unterredung unter vier Augen, bat der König den Herzog zu sich, in sein Schlafgemach. Als dieser den Raum betrat, wurde er erwartet. Henri III war zwar anwesend, hielt sich aber hinter einem Wandbehang versteckt. Acht Mitglieder seiner Leibgarde, die sogenannten *Quarante-Cinq*, „Die Fünfundvierzig“, stürzten sich auf den Herzog, wickelten seinen Mantel um seinen Degen, und erstachen ihn. Den Verschwörern hatte der König die Dolche persönlich ausgehändigt. Als er die Leiche seines Rivalen betrachtete, soll der König ausgerufen haben: *„Dieu, qu´il est grand! Il est plus grand mort que vivant“* („Mein Gott! Wie ist er groß! Er scheint tot noch größer als lebendig“).

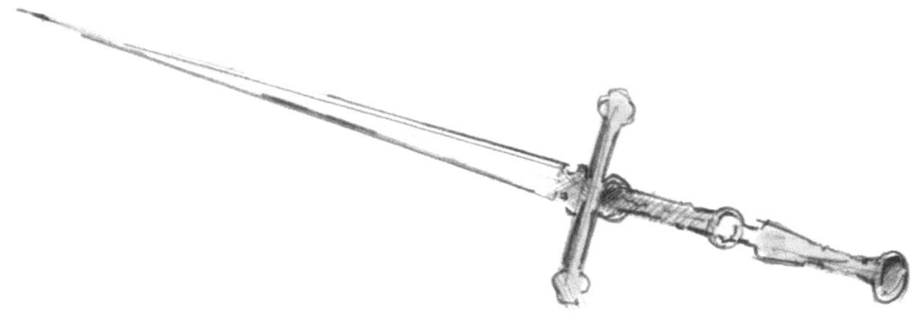

Auf Befehl des Königs wurde am nächsten Tag der Bruder des Herzogs, der Kardinal und Erzbischof von Reims, Louis de Lorraine, verhaftet. Auch er hatte nicht den Hauch einer *Chance* und wurde im Gefängnis hingerichtet. Noch 1575 hatte der Erzbischof seinen künftigen Mörder in der Kathedrale von Reims zum König gekrönt. Sein Leichnam und der seines Bruders wurden verbrannt und die Asche verstreut, damit die katholische Partei keine Reliquien bekam.

Henri III konnte nur für kurze Zeit unbesorgt schlafen. Als die Nachricht der Ermordung der Guise-Brüder Paris erreichte, kam es zum Aufruhr. Dort hatte der König einen argen Widersacher, Charles de Lorraine, den letzten Bruder der Opfer. Er war der neue Anführer der Katholischen Liga und hielt Paris besetzt. Daraufhin benötigte der König die bewaffnete Unterstützung seines *cousins*, Henri de Navarre. Der endgültige Sieg war greifbar nah, als in Saint-Cloud ein fanatischer Dominikanermönch, Jacques Clément, Henri III erstach. Clément wurde auf der Stelle getötet, sein Leichnam in Paris, auf der *Place de Grève*, gevierteilt und verbrannt. Zugleich wurde aber in der Hauptstadt die Tat von Clément gefeiert und in Rom von Papst Sixtus V. mit großer Freude aufgenommen.

In diesen wirren Zeiten trieb der blanke Hass auf beiden Seiten seltsame Blüten, Intoleranz und Fanatismus zeigten ihre widerlichen Fratzen. Und im Namen Gottes wuschen die Kontrahenten stets ihre Hände in Unschuld.

Etymologische Erläuterungen und weiterführende Hinweise

Massaker: Von frz. *massacre*. Im Altfranzösischen bedeutete *macecre*
„Schlachthaus".

Barrikaden: Eine direkte Entlehnung aus frz. *barricades*, einer Ableitung von
barriques (Fässer). Im Straßenkampf füllten die Aufständischen Fässer mit Erde
und stapelten darauf alles, was sich als nützlich für die Verteidigung erwies.

Fanatisch: Von frz. *fanatique*. Der Begriff existiert seit dem 16. Jahrhundert.

Chance: Von frz. *chance* (Glück) und lat. cadere (fallen). Es handelt sich
ursprünglich um einen Ausdruck des Würfelspiels, der den glücklichen Fall der
Würfel bezeichnet.

Cousin: Anfang des 17. Jahrhunderts aus dem Frz. übernommen. Das Wort
wurde von „Vetter" zurückgedrängt. Die *cousine* konnte sich allerdings voll
durchsetzen.

Place de Grève: Bis 1803 das wirtschaftliche Zentrum der Hauptstadt. Heute die
Place de l´Hôtel-de-Ville (Rathausplatz). Das Wort *grève* bezeichnete einen flachen
Sand- oder Kiesstrand des Pariser Hafens, Port en Grève. Der Name bezog
sich auf die Möglichkeit, die Schiffe an Land zu ziehen. Der Ort *Place de Grève*
ist darüber hinaus die etymologische Wurzel für das französische Wort für
„Streik". Im Pariser Hafen trafen Tagelöhner, die sogenannten Schauerleute,
und organisierte Unternehmer und Arbeitgeber, *les Nautes*, aufeinander.
Die Tagelöhner suchten Arbeit, waren also keine *grévistes* (Streikende) in der
heutigen Bedeutung des Wortes.

Im Jahre 2000 wurde das *Ensemble* (frz. *ensemble* = zusammen) der prächtigen
Schlösser der Loire von der UNESCO zum Weltkulturerbe erhoben.
www.schloesser-der-loire.com

Sabotage

Wer sabotiert, will absichtlich Schaden zufügen. *Saboteure* agieren so, dass sie unerkannt bleiben.

Im Juli 2012 überschattete ein Vorfall die 14. *Etappe* der *Tour de France*. Auf der Strecke Limoux - Foix hatten Unbekannte Reißnägel auf die Straße geworfen. An die dreißig Rennradfahrer hatten eine Reifenpanne. Sie kamen glimpflich davon. Auch die SNCF gerät immer wieder ins *Visier* von *Saboteuren*. Anschläge auf das TGV-Schienennetz führen zu massiven Behinderungen im französischen Bahnverkehr. Als 2013 ein Zug in Bretigny-sur-Orge entgleiste, starben sechs Menschen. Ein unentschuldbarer Sabotageakt von Kriminellen wurde vermutet.

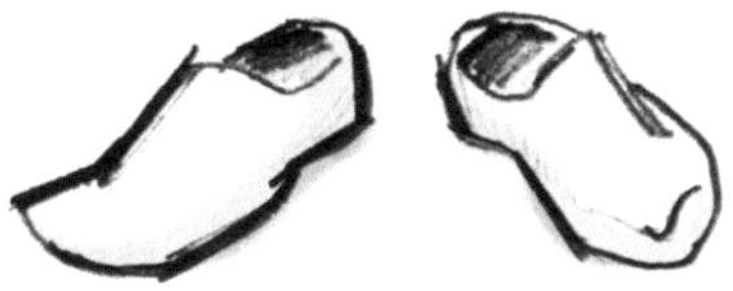

Im Frankreich des 17. Jahrhunderts bedeutete *saboter* „Holzschuhe herstellen, in Holzschuhen herumtappen". Zugrunde liegt das französische Wort *sabot* (Holzschuh), eine Nebenform von *savate* (alter, abgetragener Schuh). Im Laufe der Zeit erfuhr der Begriff *sabotage* eine Bedeutungsverschiebung. Wer schludrig oder linkisch, eigentlich „in Holzschuhmanier" arbeitet oder spielt, sabotiert eben den Ruf seiner Firma. Daher die umgangssprachlichen Redewendungen im Französischen *travailler/jouer comme un sabot* (wörtlich übersetzt „wie ein Holzschuh arbeiten/spielen") bzw. *comme une savate*.

Wer sabotiert, will sich auch wehren und seine Rechte durchsetzen. Notfalls mit Gewalt.

Die ersten Sabotagehandlungen in Frankreich gehen auf die Zeit der
Industrialisierung und fortschreitenden Mechanisierung zurück. Um 1830
zählte die Stadt Lyon etwa 165.000 Einwohner. Davon waren geschätzte 30.000
in der Seidenweberei beschäftigt. Die *canuts*, wie die Seidenweber hießen,
waren katastrophalen Lebens- und Arbeitsbedingungen ausgesetzt. Nach
einem 15-stündigen Arbeitstag in der lauten *Fabrik* gingen sie völlig erschöpft
in ihre winzigen Wohnungen zurück. Sie lebten in ärmlichsten Verhältnissen,
der Hungerlohn reichte gerade noch für eine dünne Suppe und trockenes
Brot. Der Reichtum war den Fabrikanten vorbehalten. Und so kam es in Lyon
im November 1831 zum ersten großen sozialen Aufstand in Frankreich. Sechs
Tage lang lieferten sich die *canuts* heftige Straßenkämpfe mit dem Militär. Ihre
schwarze Fahne trug die Aufschrift „*Vivre en travaillant ou mourir en combattant*"
(„Arbeitend leben oder kämpfend sterben"). Die *Revolte* der Lyoner Seidenweber
wurde blutig niedergeschlagen. 600 Opfer waren zu beklagen. Drei Jahre zuvor,
in Krefeld, hatten die wütenden *tisserands de la soie*, die Seidenweber, gegen
eine geplante Lohnkürzung von 15% demonstriert. Sie schlugen die Fenster der
Fabrikbesitzer ein. Die Husaren, ein Kavallerieverband der preußischen Armee,
eilten den „Seidenbaronen" von der Leyen, de Greiff und Scheibler zur Hilfe.

Das 19. Jahrhundert war in mehreren Ländern die Zeit der „Maschinenstürmer".
1812 stand in England die mutwillige Zerstörung von Maschinen unter
Todesstrafe. Anfang Juni 1844 legten 3.000 schlesische Leinenweber die Arbeit
nieder, vertrieben ihre reichen Arbeitgeber, zerstörten deren Häuser und
Maschinen und gingen auf die Straße. Der Aufstand wurde vom preußischen
Militär niedergeschlagen. In Erinnerung geblieben ist vor allem das berühmte
Gedicht „Die schlesischen Weber" des französischsten aller deutschen Dichter,
Heinrich Heine.

In Frankreich wiederum entstand die *Sabotage*. Die Land- und Fabrikarbeiter
trugen *sabots*, Holzschuhe, die sie als Kampfmittel gegen Ausbeutung,
Lohnverfall und drohende Arbeitslosigkeit einsetzten. Sie warfen ihre *sabots* in
die Maschinen und machten sie unbrauchbar. Sie „sabotierten" sie.

Das Wort *sabot* hat eine doppelte Bedeutung. Ein *sabot de frein* bezeichnet
auch einen Bremsschuh. Zu Beginn des 20. Jahrhunderts kam es zu einem

Eisenbahnstreik in Frankreich. Die *cheminots*, die Bahnarbeiter, verwendeten Bremsschuhe, um den Bahnbetrieb zu behindern.

Etymologische Erläuterungen und weiterführende Hinweise

Etappe: Von frz. *étape*. Ursprünglich stammt das Wort aus dem mittelniederländischen „stapel" und bedeutet Lagerplatz.

Tour de France: Alle Informationen unter www.letour.fr und www.tour-magazin.de.

Im Visier: „Visier" ist entlehnt aus frz. *viser* (ins Auge fassen, nach etwas zielen).

Revolte: Von frz. *(se) révolter* (zurückwälzen, aufwiegeln).

Fabrik: Von frz. *fabrique* und lat. fabrica (Werkstatt, Gebäude).

Fabrikant: Von frz. *fabricant* (Hersteller).

SNCF: *Société Nationale des Chemins de Fer* (Französische staatliche Eisenbahngesellschaft). Bahnreisen nach Frankreich unter www.sncf.com.

TGV: *Train à grande vitesse*. Hochgeschwindigkeitszug mit Geschwindigkeitsspitzen bis 320 km/h.

Ein berührendes, kämpferisches Lied über das Schicksal der Lyoner Seidenweber heißt *Les canuts* von Aristide Bruant (1851-1925).

In Lyon, der drittgrößten Stadt Frankreichs, kann man *La Maison des Canuts*, das Haus der Seidenweber, besichtigen. Alle Informationen über die französische Seidenstadt unter www.lyon.fr und www.lyon-france.com.

Salopp

Zu den bekanntesten deutschen Volksliedern gehört das Lied „Die Vogelhochzeit". Es handelt von der Vermählung einer männlichen Drossel mit einer weiblichen Amsel. Im Liedtext wird auch der Wiedehopf besungen. Er bringt der Braut einen Blumentopf - ein nettes Geschenk von einem hierzulande seltenen Gast, dem man mit gemischten Gefühlen begegnet.

Einerseits ist der Wiedehopf ein ausgesprochen schöner, mittelgroßer Vogel. Sehr elegant und exotisch mutet er an, mit seinem langen, dünnen Schnabel und der fuchsroten, halbkreisförmigen, aufrichtbaren Federnhaube. Sein Gefieder ist hell-orange-bräunlich, Schwingen und Schwanz sind kontrastreich schwarz-weiß gestreift. Dieser kurzbeinige Vogel liebt ein mildes Klima. In Deutschland ist er selten anzutreffen und steht unter Artenschutz. Im Kaiserstuhl ist er heimisch, und in Schleswig-Holstein ziert der Vogel des Jahres 1976 das Wappen der Gemeinde Armstedt. Im Mai 2012 wurde der Wiedehopf mehrfach in Krefeld gesichtet. Der rührige Vogelkundler und Umweltschützer Ernst Schraetz aus Krefeld-Hüls empfand die Rückkehr des seltenen Vogels als „eine große Freude". Im Winter zieht der Wiedehopf nach Südeuropa und Afrika, in weiten Teilen Asiens ist er verbreitet. So weit, so gut.

Andererseits, wie ist die heute noch gebräuchliche Redewendung „stinken wie ein Wiedehopf" zu erklären? Während der Brutzeit verlässt das Weibchen niemals das Nest. Es wird vom Männchen ernährt. Die Bürzeldrüse ist bei Madame besonders entwickelt, ebenso bei den Nestlingen. Und das dunkelbraune Bürzeldrüsensekret erzeugt einen ekelerregenden Geruch. Es erweist sich als eine sehr wirkungsvolle Waffe gegen unerwünschte Fressfeinde. Auch für den Menschen ist der Gestank der Flüssigkeit nicht auszuhalten. Zudem wird in der Regel der Kot nicht aus dem Nest befördert. Ein unreiner Vogel ist er also, der Wiedehopf. Laut Bibel soll man ihn nicht essen, weil er ein „Gräuel" sei. Dennoch kann man ihm wahrlich nicht übelnehmen, dass er sich zu wehren weiß. Darüber hinaus erfüllt die Bürzeldrüse eine andere wichtige Funktion, nämlich Gefiederhygiene. Mit dem Schnabel und mit seinen kurzen Beinen verteilt der Wiedehopf das stinkende Sekret über sein gesamtes Gefieder. Dieses regelmäßige Einfetten wirkt wasserabweisend und bewahrt die Geschmeidigkeit des Gefieders.

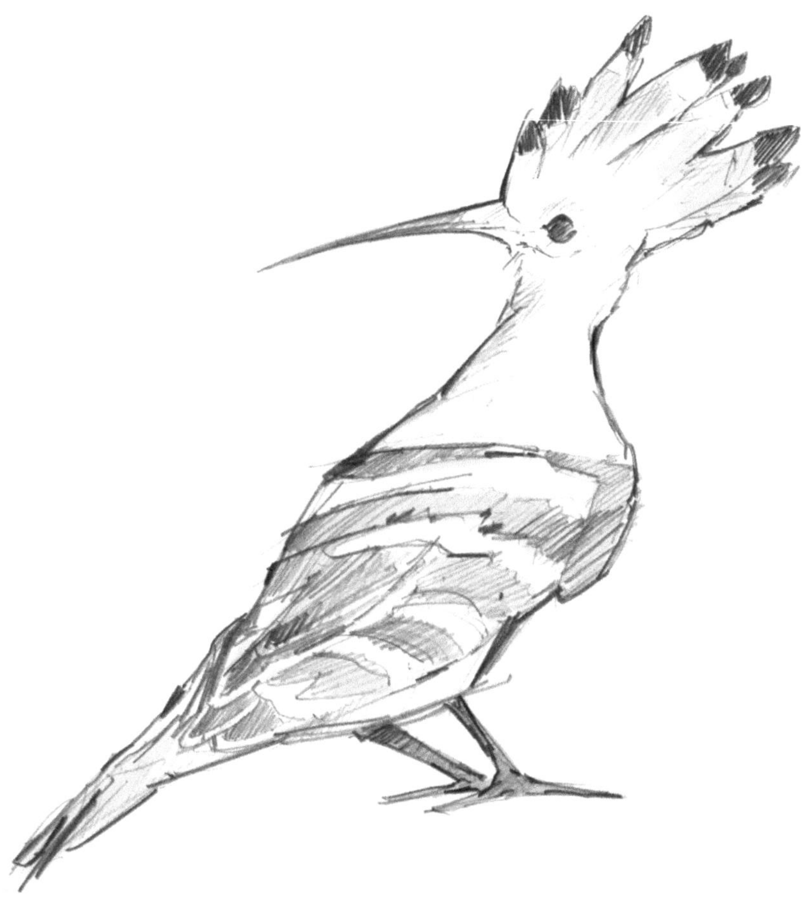

„Hupp-Hupp-Hupp" ruft der Wiedehopf - und auf Französisch ruft *la huppe fasciée*, der gestreifte Wiedehopf, „Houp-Houp-Houp". In einigen französischen Regionen wird der Vogel despektierlich *pue pue* („stinkt stinkt") genannt. Im Okzitanischen und Katalanischen trägt er den Namen „Puput".

Salopp gesagt, ist der Wiedehopf ein schöner Vogel, der ganz schön stinkt. Das Adjektiv „salopp" ist eine Zusammensetzung aus französisch *sale* (schmutzig) und *hoppe*, einer Dialektform für *huppe* in Lothringen. In dieser Region, die an Deutschland grenzt, gibt es die Redewendung *sale comme une hoppe*, also „schmutzig wie ein Wiedehopf".

Im Deutschen bezeichnet das Wort „salopp" z. B. lässige Kleidung. Die französische *salopette* wird mit Latzhose bzw. Overall übersetzt. „Salopp" ist ein sogenannter „falscher Freund", *un faux ami*, also ein trügerisches Wort, das in der Fremdsprache ähnlich klingt und auch ähnlich geschrieben wird, jedoch eine gänzlich andere Bedeutung hat. Vor manchem *faux ami* und *Fauxpas* muss man auf der Hut sein, denn im Nachbarland bezeichnet *une salope* „eine Schlampe, ein Miststück". *Salopard* bzw. *salaud* werden mit „Dreckskerl, Schweinehund" übersetzt. Demzufolge ist *une saloperie* „eine Schweinerei".

An solcherlei sprachlichen Besonderheiten trägt natürlich der bewunderte und zugleich gescholtene Wiedehopf gar keine Schuld. Und man darf nicht vergessen, dass er nützlich ist. Insekten und deren Larven sowie andere Schädlinge stehen auf seinem Speiseplan.

Und deshalb freuen wir uns, zusammen mit Ernst Schraetz, wenn der schöne Wiedehopf aus seinen fernen Winter*quartieren* zurückkehrt und uns am Niederrhein besucht.

Etymologische Erläuterungen und weitere Hinweise

Im Französischen gibt es das Adjektiv *huppé*, eine Ableitung von *huppe* (Wiedehopf). Es bedeutet umgangssprachlich (stink)reich, nobel.

Fauxpas: Von frz. *faux* (falsch) und *pas* (Schritt).

Quartier: Von frz. *quart* (Viertel) und danach *quartier* (Stadtviertel). Es folgte eine Verallgemeinerung zu „Unterkunft".

Savant

Das französische Wort *savant* wird ins Deutsche mit „Gelehrter" bzw. „Wissenschaftler" übersetzt. Es hat auch eine ganz andere Bedeutung und bezeichnet dann eine Person mit einer sogenannten Inselbegabung, deren Ursache unbekannt ist. Die Inselbegabung, auch Savant-Syndrom genannt, ist das Phänomen, dass Menschen, die eine kognitive Behinderung oder eine anderweitige häufig tiefgreifende Entwicklungsstörung aufweisen, sehr spezielle außergewöhnliche Leistungen in einem kleinen Teilbereich („Insel") vollbringen können. Die Hälfte der bekannten Inselbegabten sind Autisten, und fast alle sind männlich.

Man unterscheidet zwischen *savants prodigieux* (erstaunliche Savants) und talentierten Savants. Die erstaunlichen Savants besitzen wirklich herausragende Fähigkeiten, die talentierten dagegen erbringen höchstens durchschnittliche Leistungen, die aber in Anbetracht ihrer Behinderung bemerkenswert sind.

Es gibt weltweit weniger als einhundert erstaunliche Savants mit sehr unterschiedlichen Fähigkeiten. Wie im Fall des kopfrechnenden Amerikaners Kim Peek, Vorbild für den Film „Rain Man", kann es ein enormes Erinnerungsvermögen sein. 12.000 Bücher hatte dieser Mann auswendig gelernt. Für Normalsterbliche ein unerreichbares Leistungs*niveau*. Es kann auch eine außergewöhnliche musikalische Begabung sein. Der blinde Pianist Tony Deblois konnte etwa 8.000 Stücke auf dem *Klavier* spielen und beherrschte dreizehn weitere Instrumente. Ein anderer Savant, der britische Schriftsteller Daniel Tammet, lernte Isländisch in einer Woche. Tammet spricht insgesamt zwölf Sprachen.

Der wohl berühmteste französische Kunst-Savant heißt Gilles Tréhin. Er ist Autist und lebt in Cagnes-sur-Mer an der Côte d´Azur mit der Mathematikerin

Catherine Mouet. Eine Autistin. 1972 geboren, sprach Gilles Tréhin erst mit drei Jahren sein erstes Wort. Er ist auf mehreren Gebieten (Mathematik, Musik, Sprachen) ein Hochbegabter, aber vor allem als ein erstaunlicher Kunst-Savant weltberühmt. Bereits mit fünf Jahren konnte er hervorragend zeichnen. Vor dreißig Jahren hat er zu Ehren des französischen Seefahrers und Polarforschers Jules Dumont d´Urville (1790-1842) die fiktive Stadt Urville erdacht. Urville liegt auf einer riesigen Insel vor der französischen Mittelmeerküste, hat eine eigene Geschichte und zählt genau 12.057.775 Einwohner. Gilles Tréhin ist ein Meister der Perspektive. Faszinierend sind seine 250 filigranen schwarz-weiß Zeichnungen von futuristischen Hochhäusern, weiträumigen Plätzen und imaginären Brücken. In Urville gibt es nicht nur ein historisches Viertel und eine Kathedrale, sondern auch einen Hafen und einen Flughafen. Die Megapole existiert natürlich nur in der Phantasie ihres Schöpfers.

Eine rätselhafte Krankheit. Wir betrachten uns zwar als „normal", leben aber alle in unseren eigenen Welten, konstruieren unsere eigene Realität und *„arrangieren"* uns irgendwie. Normalerweise leben Autisten nicht zusammen, aber Catherine Mouet und Gilles Tréhin sind glücklich. Und das allein zählt.

Etymologische Erläuterungen und weiterführende Hinweise

Niveau: Von frz. *niveau*. Das französische Wort entstand im 17. Jahrhundert als bautechnischer Begriff in der Bedeutung von „Grundwaage" und „Wasserwaage".

Klavier: Von frz. *clavier* (Tastenbrett). Im 17. Jahrhundert erfolgte die Übertragung auf das Musikinstrument. Dieses heißt in der französischen Sprache *piano*.

Arrangieren: Von frz. *arranger* (in Ordnung bringen).

www.autismediffusion.com. Der Schweizer Psychiater Eugen Bleuler prägte den Begriff „Autismus" 1911. Gilles Tréhin hat ein Buch geschrieben: Urville – G. Tréhin- Carnot Ed. 2004, 189 Seiten.

Schisslameng

Wörter sind wie Menschen, sie kommen in die Jahre.

Nostalgische Mundartfreunde bedauern das drohende Aussterben origineller Wörter wie blümerant (aus frz. *bleu mourant*, eine Farbe, die im 18. Jahrhundert *en vogue* war), Muckefuck oder aber auch Schisslameng. Nicht von der Hand zu weisen ist der Ursprung dieses umgangssprachlichen Wortes. Genauer: von der französischen Hand. In meiner Muttersprache wird „Hand" mit *main* übersetzt. Je nach Region können Wörter verschiedene Bedeutungen und Schreibweisen haben. Im Rheinland und im Ruhrgebiet ist „Schisslameng" eher negativ besetzt. Es bezeichnet unnützes Zeug, Gerümpel, Durcheinander, Lästiges und Überflüssiges, also Zeug zum Wegwerfen. In der Pfalz hingegen erscheint der Ausdruck als Schisslaweng. Wer dort etwas „mit Schisslaweng" macht, erledigt eine Sache ruck, zuck, mit Schwung, Unbeschwertheit und Geschicklichkeit, sozusagen mit der linken Hand. Nicht verwunderlich, denn das Wort ist eine Entlehnung aus Französisch *juste la main* (das richtige Händchen). Dieses „aus dem Handgelenk" findet man im Rheinland in der Redewendung „aus der Lameng" wieder. Auf Kölsch bedeutet „us der Lamäng", etwas aus dem Effeff (*savoir quelque chose sur le bout du doigt*) zu können.

Das Männerballett aus dem hessischen Garbenheim tritt regional und überregional auf. Diese beliebte Showtanzgruppe heißt „Schiss-Lameng". *Graziöse* Hessen schwingen das Tanzbein. *Vive la Hesse!* Es lebe Hessen!

Etymologische Erläuterungen und weiterführende Hinweise

Savoir quelque chose sur le bout du doigt: Wörtlich „Etwas bis auf die Fingerspitze wissen".

En vogue: Im Trend sein, gerade modern sein. Ein uralter Ausdruck in der französischen Sprache, der „prominent" bedeutet, wenn er sich auf eine Person bezieht, aber auch im Sinne von *ramer* (Rudern) benutzt werden kann. Das Wort ist eine Zusammensetzung aus frz. *en* (aus) und *vogue* von *voguer* (sich fortbewegen).

Muckefuck: Es wird oft irrtümlicherweise angenommen, dass dieser Ausdruck für „dünner Kaffee" von frz. *mocca faux* (falscher Mokka) stammt. „Muckefuck" ist aber eine dialektale Zusammensetzung der rheinischen Wörter „Mucken" (braune Stauberde, verwestes Holz) und „fuck" (faul).

Graziös: Von frz. *gracieux* und lat. gratiosus (gnädig, wohlwollend).

La Hesse: Dt. Hessen. Die Hessen = *Les Hessois*.

Das Männerballett aus Garbenheim: <u>www.schiss-lameng.de</u>. Apropos „Ballett": Französisch ist in Deutschland und auch international die Fachsprache des Balletts. Dies resultiert aus der Zeit Ludwigs XIV., in der sich das klassische Ballett entwickelte und in der die französische Sprache in vielen Ländern die Sprache der vornehmen Gesellschaft war. Alle Schritte und Figuren im klassischen Ballett wurden erstmals in Frankreich benannt und in ein System gebracht. Bis ins späte 17. Jahrhundert traten im Ballett nur Männer auf, Frauenrollen wurden mit Masken dargestellt. Einige Begriffe: *Pas de deux* (Schritte zu zweit), *ailes de pigeon* (Taubenflügel), *entrechats* (Kreuzsprung). Ludwig XIV. war ein sehr guter Tänzer. Sehenswert ist der Film *le Roi danse* (der König tanzt) vom belgischen Regisseur Gérard Corbiau.

Taupe

Die Luft ist mild, der Frühling endlich da! Es wäre so schön im Garten,
wenn… da nicht ein kleiner, unansehnlicher Wühler fleißig am Werk wäre.
Es türmen sich kleine Hügel auf Rasen und Wiese, im Untergrund hat sich
der Maulwurf in seinem kleinen „Erdpalast" mit Gängen, Schlaf-, Nest- und
Vorratskammern gemütlich eingerichtet. Mit dem Kopf und dem Rüssel
schiebt er überschüssiges Erdmaterial an die Oberfläche. *Peu à peu* erobert der
Eindringling das Grundstück und will es *partout* nicht verlassen. Sein *Terrain*!
Er ist jedoch kein Plagegeist, sondern ein Nützling und aus gutem Grund
gesetzlich geschützt. Auf seiner Speisekarte stehen leckere Schädlinge wie
Schnecken, Engerlinge, Schnakenlarven. Ein untrügliches Zeichen, dass der
Boden gesund ist. Freuen Sie sich über den kleinen „Buddler" und stören oder
töten Sie ihn bloß nicht!

In der französischen Sprache wird „Maulwurf" mit *taupe* übersetzt. *Une vieille
taupe* ist „eine alte Schachtel". Aber fragen Sie die Kinder und die Frauen. Die
Kleinen lieben die Zeichentrickserie. Der Prager Künstler Miler hat seinen
„kleinen Maulwurf" liebevoll gezeichnet. Und für manche *mode*bewusste Frau,
die Maulwürfe scheußlich findet, sind im Schaufenster ihrer Lieblings*boutique*
ein Seiden*foulard* oder eine *aparte* Leinen*bluse* in der dunklen grauen Farbe
Taupe unwiderstehlich.

Etymologische Erläuterungen und weitere Hinweise

Peu à peu: Von frz. gleichbedeutend *peu à peu*. *Peu* bedeutet „wenig".

Partout: Unter allen Umständen. Von frz. *partout* (überall). Eine
Bedeutungsverschiebung hat stattgefunden.

Terrain: Von frz. *terrain* und lat. terrenum (Erde, Acker).

Boutique: Eine erstaunliche, aber wahre sprachliche Odyssee. Die Wörter „Boutique" und „Apotheke" sind etymologisch eng verwandt. „Boutique" geht ursprünglich auf den altgriechischen Terminus „apothéke", was so viel wie Abstellraum, Magazin bedeutete, zurück. Auf Lateinisch verwandelte sich „apothéke" in „apotheca" und mutierte im Provenzalischen zum *botica*. Aus *botica* wurde *boticle*, dann *bouticle*. Von dort aus war es nicht mehr weit bis zur Vollendung der sprachlichen Schönheitsoperation, und so entstand im Endstadium die französische *boutique* als Bezeichnung für einen kleinen, einfachen Einzelhandelsladen.

Foulard: Von frz. *foulard*.

Aparte Leinenbluse: „Apart" ist entlehnt aus frz. *à part* (auf der Seite, besonders). „Bluse" ist ein „falscher Freund". Das Wort kommt von frz. *blouse* (Arbeitskittel). Das deutsche Wort „Bluse" wird ins Französische mit *chemisier* übersetzt.

Modebewusst: „Mode" ist entlehnt aus frz. *mode* (Art und Weise) und ursprünglich lat. modus (Art und Weise).

Mehrere deutsche Farbadjektive stammen aus dem Französischen: z. B. beige von frz. *beige*, lila (von frz. *lilas* = Flieder), brünett (von frz. *brunette*, 17. Jahrhundert), blond (von frz. *blond*), aubergine (von frz. *aubergine*), ein Farbwort für rötlich-violett, *bordeaux*, chamois (von frz. *chamois*, gämsfarben, creme (von frz. *crème*), violett (von frz. *violet* und *violette* (Veilchen)) etc.. Mehrere französische Adjektive wie *blanc* (von dt. blank), *bleu* (von dt. blau), *gris* (von dt. grau) und *brun* (von dt. braun) sind germanischen Ursprungs.

Trikolore

Le drapeau tricolore, mit den drei vertikalen Farbstreifen, ist bekanntlich das Symbol der Französischen Republik. Darauf sind die Franzosen besonders stolz. Und so ist die Trikolore im Nachbarland überall zu sehen: an öffentlichen Gebäuden, auf den *Trikots* der Nationalmannschaften, als Logo von Air France etc. Bei offiziellen Anlässen trägt jeder Bürgermeister eine blau-weiß-rote *Schärpe*.

Die Trikolore setzt sich aus den Farben des Wappens von Paris (Rot und Blau) und der Farbe der Monarchie (Weiß) zusammen. Die Anordnung der Farben stammt aus der Zeit der Französischen Revolution.

Am 13. Juli 1789 war das hungernde, aufgebrachte Volk nicht mehr zu beruhigen. Es drohten Chaos, Mord und Plünderungen. Zur Wiederherstellung der Ordnung gründete der *populäre* General Lafayette, der erfolgreich am Amerikanischen Unabhängigkeitskrieg teilgenommen hatte, die *Garde Nationale*, eine Bürgergarde. Jeder Milizsoldat trug eine rot-blaue *cocarde* (Kokarde). In seinen *Memoiren* erzählt der aus einer Adelsfamilie stammende gemäßigte Royalist Lafayette, dass er drei Tage nach der Erstürmung der Bastille den König Ludwig XVI. zwang, auf dem Weg zum Pariser *Hôtel de Ville*, eine dreifarbige *Kokarde* als Zeichen der *„alliance auguste et éternelle entre le monarque et le peuple"* („erhabene und ewige Allianz zwischen Monarch und Volk") zu tragen. Die dreifarbige Kokarde soll sowohl die Versöhnung zwischen Ludwig und seinem Volk darstellen als auch die nunmehr eingeschränkte Macht des Königs verdeutlichen.

Der Versuch des Kommandanten der Nationalgarde, König und Volk zum Kompromiss zu bringen, erwies sich als illusorisch. Am 6. Oktober 1789 gelang es Lafayette zwar noch, den König und seine Familie nach Paris zu bringen und zu retten. 1792 jedoch wurde der reformunfähige Ludwig XVI.

abgesetzt und am 21. Januar 1793 in Paris guillotiniert. Lafayette wurde von der Nationalversammlung zum Verräter erklärt und musste nach Flandern fliehen. Dort wurde er von den Österreichern gefangen genommen und sogar eine Zeitlang in der Festung Wesel interniert. Immerhin konnte der ehemalige Nationalheld die Revolution überleben.

Am 15. Februar 1794 wurde erstmals die Trikolore zur offiziellen Nationalflagge.

Etymologische Erläuterungen und weiterführende Hinweise

Le drapeau tricolore: Wörtlich „die dreifarbige Fahne".

Trikot: Von frz. *tricot* und frz. *tricoter* (Stricken).

Schärpe: Von frz. *écharpe* (Armbinde, Schärpe, aber auch Schal, Halstuch).

Populär: Von frz. *populaire* („zum Volk gehörig", volkstümlich).

Memoiren: Das Wort ist eine Entlehnung aus der Pluralform von frz. *mémoire* (Gedächtnis).

Kokarde (*la cocarde*): Das Wort ist eine Entlehnung aus altfrz. *coquard* (eitel) und *coq* (Hahn).

Hôtel de Ville: Die andere Bezeichnung für *mairie* (Rathaus). Das französische Wort *hôtel* kommt ursprünglich aus lat. hospitale (Gastzimmer), das französische Wort *hôpital* (Krankenhaus) ebenso. Folgerichtig wird „Gastfreundlichkeit" mit *hospitalité* ins Französische übersetzt.

Marie-Joseph Motier, Marquis de Lafayette (1757-1834) war eine schillernde Persönlichkeit. Ein Adliger als Bürgerrechtler und gegen die Exzesse der Revolutionäre. Der Freimaurer Lafayette unterstütze 1777-1779 und 1781 die Amerikaner in ihrem Unabhängigkeitskampf gegen die Briten. Auch in Frankreich wurde er als Held gefeiert. Zusammen mit Thomas Jefferson,

Amerikas Botschafter in Paris, hatte er eine Erklärung der Menschen- und Bürgerrechte verfasst. Diese wurde am 11. Juli 1789 von den Generalständen angenommen. Drei Tage später fiel die Bastille. Der *Article Premier* der Erklärung lautet: „*Les Hommes naissent et demeurent libres et égaux en droits.*" Die Menschen werden frei und gleich an Rechten geboren und bleiben es. Als die Terrorherrschaft ausbrach, musste Lafayette emigrieren. Er wurde verhaftet und jahrelang an mehreren Orten (Wesel, Magdeburg und Olmütz) eingekerkert. Der Friedhof Picpus in Paris beherbergt die Massengräber der 1.306 Opfer der Terrorherrschaft unter Robespierre und die Ruhestätte von Lafayette. Jedes Jahr am 4. Juli, dem amerikanischen Unabhängigkeitstag, erscheint der Botschafter der Vereinigten Staaten am Grab Lafayettes, um das Sternenbanner auszutauschen.

Trottoir

Auch wenn ich Ihnen etwas vom Pferd erzähle, müssen Sie mir glauben. Diese skurrile Wortgeschichte ist die reinste Wahrheit.

Ein Wort geht mir nicht aus dem Kopf, sondern es trabt wörtlich darin, oder wie Franzosen sagen: *Ce mot me trotte dans la tête*. Es handelt sich um *trottoir*. *Trotteur* wird auf Deutsch mit „Traber" übersetzt, *trotter* mit „traben". Und „Trottel" ist mit allen diesen Wörtern sprachlich verwandt. Dies war die ursprüngliche Bezeichnung für den langsamen, gemächlichen Pferdegang.

Vor der Französischen Revolution waren die Straßen eng und staubig, es gab keine Bordsteine. Das gemeine Volk, sozusagen das Fußvolk, benutzte als Gehweg die Mitte der Straße. Für stolze Pferdebesitzer, meist Adlige oder wohlhabende Bürger, standen Reitwege, sogenannte *allées cavalières* zur Verfügung, um sich nicht schmutzig zu machen. Das *trottoir* war die Fahrstraße.

Als der Krefelder Sattlermeister Dietrich Hermes 1837 nach Paris ging, befand er sich auch in der europäischen Hauptstadt des Kutschenbaus. Die etwa 80.000 Pferde, die dort trabten, benötigten gut verarbeitetes Pferdegeschirr. Deutsche Wertarbeit war angesagt, die Geschäfte des eingebürgerten Thierry Hermès liefen glänzend und sind heute im Luxussegment weltweit erfolgreich.

Mit dem technischen Fortschritt machten die Pferde Platz für Autos. Es galt fortan, Fußgänger in Sicherheit zu bringen, also auf die *trottoirs*. Die mehr oder weniger breiten Gehsteige wurden dann mit Bordsteinen versehen. Und im Pariser Rotlichtviertel auf der Rue Saint-Denis sind zahlreiche „Bordsteinschwalben" anzutreffen. *Elles font le trottoir* („Sie machen/tun den Bürgersteig"). Das heißt umgangssprachlich „sie schaffen an".

Etymologische Erläuterungen und weitere Hinweise

Allee: Im 16. Jahrhundert aus gleichbedeutend frz. *allée*, eigentlich „gegangen"
und danach „Baumgang", entlehnt.

Dietrich Hermes wurde 1801 als sechstes Kind eines Kneipenwirts von der
Königstraße in Krefeld geboren. Weil zu dieser Zeit die linksrheinischen
Gebiete zu Frankreich gehörten, war Hermes französischer Staatsbürger.
Die Vorfahren seiner Familie waren Hugenotten, protestantische
Glaubensflüchtlinge aus Frankreich. Nach dem Tod seiner Eltern zog Dietrich
Hermes nach Paris, wo er Karriere machte. Heute liegt der Preis einer
Hermès-Tasche, je nach Material, bei ca. 4.500 Euro. Die Seidentücher des
Unternehmens, die berühmten Hermès-*Carrés*, sind für weniger als 300 Euro
zu haben.

Frédéric Hermès war nicht der einzige Krefelder, der in Paris erfolgreich
wurde. Ludwig Maximilian Rigal wurde zwar in Stuttgart geboren, heiratete
aber in die Krefelder Seidenfabrikantenfamilie Heydtweiller ein. Auch Rigals
Vorfahren waren Hugenotten. Bei der Kaiserkrönung Napoleons am
2. Dezember 1804 trugen die rund 100 Senatoren blaue Samtmäntel.
Rigal hatte den Samt geliefert. Nach der Kaiserkrönung wurde der
Textilfabrikant zum *Comte Sénateur* ernannt. Graf Rigal blieb in Paris, wo
er 1830 starb.

Tüll

Ein leichtes Wort mit schwerer Vergangenheit.

Dieses netzartige Gewebe wird insbesondere für die Herstellung von Spitzen und Bändern, reizvollen *Negligees, charmanten Dessous* und zarten Brautschleiern sowie für Gardinen und feine Netze wie z. B. an Lautsprechern verwendet.

Namensgeberin des *Stoffes* ist die kleine Stadt Tulle in Zentralfrankreich. Im 19. Jahrhundert wurde die Tüllspitze zuerst dort produziert. Tulle liegt am Fluss Corrèze und ist Präfektur des gleichnamigen *Départements* sowie als Bischofssitz ein wichtiges geistliches Zentrum der Region Limousin. An und für sich ein nettes Provinzstädtchen der *France profonde* („Tiefes Frankreich") mit einem hübschen *Park* und einem mittelalterlichen Schloss.

Was kann man noch in Tulle besichtigen? Eine bedeutende Sammlung von Akkordeons und Bandoneons – sogar in Tulle hat der Krefelder Heinrich Band Spuren hinterlassen – und ein Waffenmuseum, 1 rue du 9 juin 1944. Warum heißt diese Straße so? Drei Tage nach dem *Débarquement*, der Landung der Allierten in der Normandie- aus deutscher Perspektive „die Invasion" – griffen *Résistants*, Widerstandskämpfer, Tulle an. Im Kampf wurden einige Soldaten eines deutschen Sicherungsregiments, die in einer *Munitionsfabrik* eingeschlossen waren, getötet. Nach dem Abzug der *Résistants* drang die 2. SS-Panzerdivision „das Reich" in die Stadt ein und machte Jagd auf die männlichen Einwohner. Etwa 3.000 an der Zahl wurden in der *Munitionsfabrik* festgesetzt, und eine „Sühnemaßnahme" wurde eingeleitet. Am Nachmittag des 9. Juni wurden 99 Zivilisten an Laternenpfählen, Bäumen und Telefonmasten gehängt. Aus einem Grammophon kreischten Schlagermelodien, die den Schrei so manches Opfers übertönten.

Nur einen Tag später, knapp hundert Kilometer entfernt, wurde das Dorf

Oradour-sur-Glane von der gleichen Panzerdivision völlig ausgelöscht. Männer, Frauen, Greise, Kinder, sogar Babys wurden ermordet. Mit 642 Opfern war dies das zahlenmäßig größte *Massaker* in Westeuropa.

Als Hauptverantwortlicher für die Massaker in Tulle und Oradour-sur-Glane wurde Heinz Lammerding, Generalleutnant der Waffen-SS, von einem französischen Gericht in Abwesenheit zum Tode verurteilt, aber von der Bundesregierung 1966 nicht an Frankreich ausgeliefert. Damals verbot das Grundgesetz, Deutsche an das Ausland auszuliefern.

Nach dem Krieg war Lammerding, ein Mann der so viel zerstörte, als erfolgreicher Bauunternehmer in Düsseldorf tätig, und blieb bis zu seinem Tod unbehelligt.

Etymologische Erläuterungen und weiterführende Hinweise

Negligé/Negligee: Von frz. *négligé* (nachlässig, eigentlich „das nachlässige Kleid).

Charmant: Von frz. *charmant* und lat. carmen (Gesang, Zauberspruch).

Dessous: Von frz. *dessous* (darunter).

Stoff: Von altfrz. *estoffe* und frz. *étoffe*.

Park: Von frz. *parc* (eingeschlossener Raum, Tiergehege).

Munitionsfabrik: Munition ist entlehnt aus frz. *munition (de guerre)*, Kriegsmaterial, und lat. munitio (Befestigungswerk, Schanzwerk). Fabrik ist entlehnt von frz. *fabrique* (Herstellung) und lat. fabrica (Herstellungsart).

Massaker: Von frz. *massacre* und altfrz. *macecre* (Schlachthaus).

Nähere Informationen über Tulle unter www.tulle.fr.
In der kleinen Gemeinde Oradour-sur-Glane im *Département* Haute-Vienne kann man das *Centre de la mémoire* (www.oradour.org) besichtigen.
Im *village-martyr* trafen am 04. September 2014 Joachim Gauck und François Hollande aufeinander.

Wenn Sie mehr über *Lieux de mémoire* in Europa erfahren möchten, werden Sie detaillierte Informationen unter www.gedenkorte-europa.eu finden.

Vabanquespiele

Die Göttin Fortuna wird stets mit einem Rad oder einer Kugel abgebildet, einem Symbol für das Unstete, das Unberechenbare, also für den Zufall schlechthin. Mit verbundenen Augen dreht die wankelmütige Göttin das Rad des Lebens. Glück und Unglück können die Menschen nicht bestimmen.

Das Wort *roulette* stammt aus dem Altfranzösischen *rouelle* (Rädchen). Am Roulette-Spieltisch sitzt die Gier. Unersättlich flüstert sie dem leidenschaftlichen Vabanquespieler zu: „Alles oder nichts!" Es geht um den gesamten Bankeinsatz am Spieltisch. *„Les jeux sont faits! Rien ne va plus!"* sagt der *croupier*, und tatsächlich geht für den *Hasardeur* nichts mehr. Von der Spielsucht getrieben, hat er alles verloren, er stürzt sich und seine Familie in Schulden. Das Spiel ist aus.

Der Begriff *Vabanque* ist eine Zusammensetzung aus dem Französischen *va* (geht) und *banque* (Bank). Verliert man, geht der Gewinn an die Bank, „es gilt" also die Bank. Im übertragenen Sinne bezeichnet die Redensart ein höchst riskantes Unterfangen.

1836 wurde das Roulette-Spiel in Frankreich verboten. Daraufhin gingen die Zwillingsbrüder und Börsenspekulanten François und Louis Blanc nach Luxemburg, um ein kleines Casino zu eröffnen. François Blanc war auch Mathematiker und hatte das Spielfeld der *roulette* entwickelt. Das *zéro*, die Null, hatte er als 37. Zahl in den Roulette-Kessel aufgenommen, um den Bankvorteil zu garantieren. Fiel die Kugel beim Dreh des Roulette-Rades auf die Null, verlor der Spieler nur die Hälfte seines Einsatzes. In Luxemburg lernten die Blancs den damaligen *Gouverneur* von Luxemburg, den Landgrafen Philipp von Hessen-Homburg, kennen. Weil er die Kassen seines kleinen Staates dringend aufbessern musste, lud er die geschäftstüchtigen Zwillingsbrüder nach Homburg ein. 1841 gründeten sie dort eine Spielbank, die alsbald Spielsüchtige aus ganz Europa anzog. Ob die Spieler nun auf Rot oder Schwarz setzten, Blanc gewann letztendlich immer.

Ein besonderer Vabanquespieler war der russische Schriftsteller Fjodor Dostojewski. 1865 fuhr er nach Wiesbaden und verspielte im Casino seine gesamte Reisekasse. In seinem berühmten *Roman* mit autobiografischen Zügen, „Der Spieler", erliegt Aleksej Iwanowitsch im fiktiven Ort „Roulettenburg" seiner *addiction au jeu*, seiner Spielsucht. Auch als Schriftsteller hatte sich Dostojewski auf ein extrem waghalsiges Vabanquespiel eingelassen. Um seine Schulden bei seinem Verleger Stellowski, der ihn massiv unter Druck setzte, zu begleichen, versprach er diesem, einen Roman in nur einem Monat zu verfassen. Er hatte alles auf eine Karte gesetzt - und schaffte es, wenn auch völlig erschöpft. Auch nach dem Erscheinen des Romans konnte Dostojewski seine *dépendance au jeu de hasard* (Abhängigkeit vom Glücksspiel) nicht besiegen. Er fuhr weiterhin öfter nach Baden-Baden, Bad Homburg und Wiesbaden.

Auf den ersten Blick sieht „Poker" wie ein englisches Wort aus. Die wahre Herkunft ist allerdings sowohl Deutsch als auch Französisch. Das Poch oder Pochspiel wurde bereits im Jahre 1441 in Straßburg erwähnt. „Auf den Tisch pochen" bedeutet „wagen, herausfordern". Von daher der Name des Pochspiels, bei dem der Spieler mit seinem Einsatz den Vergleich herausfordert. Wer heute auf sein Recht pocht, tut das mit dem nötigen Nachdruck. Im 18. Jahrhundert, in Frankreich, erfreute sich das Kartenspiel *la poque* großer Beliebtheit.

Vom 16. bis zum 19. Jahrhundert war Louisiana eine französische Kolonie. Deren Hauptstadt La Nouvelle-Orléans war 1718 von eingewanderten Franzosen gegründet worden. Dort wurde *la poque* gespielt. Auf den Mississippi-Dampfern verbreitete sich das Kartenspiel durch ganz Amerika. Die Spielregeln wurden verändert, statt 20 Spielkarten waren es nunmehr 52. Dies war die Geburtsstunde des Pokerspiels.

Ein Vabanquespiel der besonderen Art war während der napoleonischen Zeit in Deutschland der sogenannte *tirage au sort*, die „Schicksals-Losziehung". Für seine dezimierte *Armee* musste der Kaiser Ausländer aus allen Nationen zwangsrekrutieren. Das Los entschied, wer Militärdienst zu leisten hatte.

Junge diensttaugliche Deutsche, die eine Zahl bis 228 zogen, traf das Schicksal, für Napoleon kämpfen zu müssen. Es war jedoch möglich, sich durch einen Ersatzmann, der nicht älter als 30 Jahre und mindestens 1m 65 groß war, freizukaufen.

Ob Poker oder *machines à sous*, Spielautomaten, heute werden Glücksspiele nicht nur in sogenannten *casinos terrestres* (wörtlich „irdische Casinos"), sondern auch online gespielt. Ähnlich wie das Internet, können sie süchtig machen.

Im April 2013 war die Göttin Fortuna einer vierzigjährigen Französin hold. Sie knackte den Jackpot der *loterie transnationale Euro Millions*: 26.258.943 Euro. In einem Interview mit der Zeitschrift *Aujourd´hui en France* betonte Sophie, die anonym bleiben wollte, dass sie ihre bisherige Lebensweise nicht großartig verändern würde. Kein Luxus im neuen Haus. Vor allem sollten ihre Kinder ein eigenes Zimmer haben. Insbesondere ihre Hausarbeit würde sie weiterhin selbst erledigen. Mit der Verpflichtung einer fremden Haushaltshilfe wäre sie nicht glücklich, denn sie war selber Putzfrau.
Als die anwesende Gegenspielerin der Gier, die Vernunft, diesen Vorsatz hörte, nickte sie zufrieden.

Etymologische Erläuterungen und weiterführende Hinweise

Croupier: Von frz. *croupier*, einer Ableitung von frz. *croupe* (Kruppe). Zunächst als Bezeichnung für eine Person, die hinter dem Reiter sitzt und mitreitet. In der heutigen Bedeutung „Assistent beim Spiel".

Hasardeur: Von frz. *hasard* (Zufall) und ursprünglich arabisch Az-zahr (Würfel).
Gouverneur: Von frz. *gouverneur* (Lenker) und *gouvernement* (Regierung).

Roman: Von frz. *roman* und altfrz. *romanz, romant*. Ursprünglich aus dem lat. romanice (in romanischer Sprache).

Million: Von frz. *millionnaire*. Das Wort entstand 1719 z.Zt. der Spekulations-blase mit den Aktien der von John Law gegründeten Mississippi-Kompanie.

Von der Pike auf

Als der Dreißigjährige Krieg in Europa tobte, musste sich die schwere Infanterie gegen die *Kavallerie* des Feindes wirkungsvoll wehren. Das war die Aufgabe der *piquiers* (Pikeniere). In dichten Reihen, igelartig aufgestellt, am Boden aufgestützt, setzten sie ihre Hauptwaffe, eine lange Lanze, die *pique*, die Pike, ein.

Gerade die Schweizer kämpften in äußerst großen, tiefgestaffelten Formationen, den sogenannten Gewalthaufen, mit bis zu sechs Meter langen *piques*. Ein einziger Gewalthaufen konnte mehrere tausend *piquiers* umfassen. Diese Abwehrstrategie erwies sich als besonders effizient beim historischen Sieg gegen die Franzosen am 22. Juni 1476 bei Morat (Murten).

Für den Nahkampf waren die meisten *piquiers* mit einem Schwert, Degen oder Dolch bewaffnet. Die sehr unerfahrenen Soldaten, die gerade erst angeworben worden waren und nicht in der Lage waren, eine Schusswaffe zu benutzen, wurden mit der *pique* ausgerüstet. Das Kriegshandwerk musste also von diesen Rekruten „von der Pike auf", von Anfang an, erlernt werden. Wer sich im Kampf auszeichnete, konnte sich hochdienen.

Apropos Spieß. Spießbürger waren damals Stadtbewohner, die zur Verteidigung mit Piken bewaffnet wurden. Der Begriff ist heute abwertend. Allzu bürgerliche Meinungen werden als „spießig" definiert. Damals hatten diese Stadtwächter die Aufgabe, Fremde, die kein Wohnrecht in der Stadt hatten, abends vor Toresschluss hinauszusetzen, nicht zuletzt durch Drohen mit und Anwendung der Pike.

Etymologische Erläuterungen und weiterführende Hinweise

Apropos: Von frz. *à propos*, einer Zusammensetzung aus *à* (zu) und *propos* (Anlass, Zweck).

Der Dreißigjährige Krieg, 1618-1648, gilt als das Urtrauma der Deutschen. Der andauernde Konflikt zwischen Katholiken und Protestanten sowie zwischen europäischen Königshäusern wurde hauptsächlich auf deutschem Boden ausgetragen. Ganze Regionen wurden entvölkert durch Kriegsgräuel wie z. B. das Massaker 1631 in Magdeburg, Seuchen und Hungersnöte und andere Katastrophen. Zu Beginn der letzten Phase (1635-1648) des verheerenden Krieges um die Hegemonie in Europa erklärte das katholische Frankreich am 19. Mai 1635 Spanien den Krieg. In Frankreich herrschte Kardinal Richelieu (1585-1642). Der Kunstförderer und Gründer der *Académie Française* (1635) war in erster Linie ein Machtmensch, der die Interessen Frankreichs über konfessionelle Interessen stellte. Über sich selber sagte Richelieu: „Einmal entschlossen, gehe ich geradedurch auf mein Ziel los, ich werfe alles über den Haufen, mähe alles ab und bedecke nachher alles mit meinem roten Kardinalrock." Richelieus Ziel war die Stärkung der königlichen Macht in Frankreich. Nachdem er den mächtigen französischen Hochadel und die französischen Protestanten brutal - die Belagerung von La Rochelle, 1627-1628, überlebten nur 5.000 der 28.000 Einwohner - entmachtet hatte, zögerte der Kirchenfürst nicht, ein Bündnis mit dem protestantischen schwedischen König Gustav II. Adolf einzugehen, um die Vormachtstellung der katholischen Habsburger, die mit Spanien verbündet waren, zu brechen. Alsbald kämpften die katholischen französischen Truppen an der Seite ihrer protestantischen Alliierten vor allem im süddeutschen Raum gegen kaiserliche Truppen und drangen bis Regensburg vor. Im Endeffekt gab es im verwüsteten Deutschland keine Sieger, nur unendliches Leid. Nach dem Westfälischen Frieden am 24. Oktober 1648 in Münster und Osnabrück avancierte Frankreich zur europäischen Großmacht.

Tschüs(s)

Wie hätte es in dieser letzten Wortgeschichte anders sein können?

Madame Coquette und Monsieur Galant sagen Ihnen, lieber Leser, „Tschüs" und möchten sich somit... auf Französisch verabschieden. „Tschüs(s)", im norddeutschen Sprachraum „Adjus", entstammt dem französischen *Adieu*. Dieses Wort ist eine Zusammensetzung aus der französischen Präposition *à* (bei) und dem Substantiv *dieu* (Gott). Die lateinischen Wurzeln sind ad deum. Der vor allem im schriftlichen Bereich verwendete Abschiedsgruß „Ade" ist eine Verballhornung von *Adieu* und somit, zumindest aus sprachlicher Sicht, göttlicher Herkunft.

Rheinische Normalsterbliche sagen täglich „Tschüs(s)" bzw. „Tschüssi" und verwandeln, in einem herrlichen Singsang, das Wort sogar in „Tschööö". Letzteres hört sich fast wie *Adieu* an.

Bis zum Beginn des Ersten Weltkrieges war „Adieu" im Deutschen der geläufigste Abschiedsgruß, wurde jedoch von der damals einsetzenden antifranzösischen Sprachpropaganda erfolgreich verdrängt: „Fort mit dem welschen Gruß, Adieu! Wir grüßen deutsch, auf Wiedersehen!"

Heutzutage klingt „Adieu" im Deutschen etwas altmodisch. Die Franzosen hingegen verwenden das Wort im Sinne von „Auf Nimmerwiedersehen" bzw. „Lebe wohl!".

EMPFOHLENE REFERENZWERKE UND NÜTZLICHE LINKS

Empfohlene Referenzwerke über Etymologie

Lateinisch ist die Mutter aller romanischen Sprachen, und Französisch ist
eine romanische Sprache. Demzufolge stammen fast alle französischen Wörter
aus dem Lateinischen. Zur Vertiefung der etymologischen Erläuterungen nach
jeder Wortgeschichte werden „Wortjägerinnen und Wortjägern" folgende
Lexika empfohlen:

www.cnrtl.fr | Centre National de Ressources Textuelles et Lexicales.
Ein ausgezeichnetes Online-Lexikon.

www.duden.de | Duden 07. Das Herkunftswörterbuch. Etymologie der
deutschen Sprache, 5. neu bearbeitete Auflage, Duden Verlag.

www.exionnaire.com | eXionnaire, le dico site des mots, portail étymologique.

www.degruyter.com | Kluge, Friedrich. Etymologisches Wörterbuch der
deutschen Sprache. Seit über 100 Jahren das maßgebliche Wörterbuch für
Herkunft und Geschichte der Wörter der deutschen Sprache, 25. Auflage,
Verlag De Gruyter.

www.larousse.fr | Larousse. Dictionnaire étymologique et historique
du français. 52.000 étymologies.

Ernst Wasserzieher: Woher? | Ableitendes Wörterbuch der deutschen Sprache.
1918 erschienen, aber immer noch sehr informativ und fundiert.
Nur antiquarisch oder im Internet zu erwerben.

Französisch lernen, Franzosen und Frankophonen kennenlernen, französische Kultur und Landeskunde in Deutschland und Frankreich erleben. Eine Auswahl nützlicher Links:

www.madamebaguette.tumblr.com | Der Blog von Pierre Sommet enthält eine Fülle von Informationen über das populärwissenschaftliche Sachbuch „Madame Baguette und Monsieur Filou- Amüsante und spannende Wortgeschichten aus Frankreich", 3. Auflage, Magenta-Verlag, sowie über alle Aspekte der deutsch-französischen Beziehungen.

www.vhs.de | Alle Französisch-Kursangebote der Volkshochschulen bundesweit Online.

www.institut-francais.fr | Sprachkursangebote und kulturelle Veranstaltungen aller Instituts Français in Deutschland.

www.dfjw.org | Das Deutsch-Französische Jugendwerk bietet interessante Austauschprogramme an.

www.vdfg.de | Die Vereinigung deutsch-Französischer Gesellschaften für Europa. Jetzt mit einem Jugendblog!

www.botschaft-frankreich.de

www.france.fr | Frankreichs offizielle Website

www.franceguide.com | Entdecken Sie Frankreich!

www.frankreichkontakte.de

www.frankreich-info.de

www.romanistik.info | Literatur, Kulturwissenschaften, deutsch-französische Beziehungen.

www.lepetitjournal.com | Le journal des Français et francophones à Berlin, Cologne, Francfort, Hambourg et Munich.

www.journauxfrançais.net | Toute la presse française en ligne.

www.ecoute.de | Ecoute, das aktuelle Magazin für Lernende mit Vorkenntnissen.

www.sprachzeitungen.de | Revue de la presse wendet sich ebenfalls an Französisch-Lernende mit Vorkenntnissen. Wie bei „Ecoute" sind Übersetzungshilfen vorhanden.

www.arte.de | Karambolage: Die Fernsehsendung auf Arte über deutsche und französische Eigenarten (Sprache, Kultur, Interkulturelles).

www.dtv.de | Die Reihe Französisch-Zweisprachig enthält eine Vielzahl von Lektüren.

www.reclam.de | Sprachtraining mit Reclams Roter Reihe Französisch. In dieser Reihe gibt es das Büchlein „Petit Dictionnaire des Faux Amis".

Abkürzungen: Frz. = Französisch
                 Altfrz. = Altfranzösisch
                 Dt. = Deutsch
                 Ital. = Italienisch
                 Lat. = Lateinisch

Über Rückmeldungen zu diesem Buch würde ich mich freuen:
psommet@web.de